© 2012 - 1998. Editions GISSEROT
Imprimé et relié par POLLINA S.A.
N° d'impression - L60806A

Imprimé en France

Contes
d'Alsace

Les émigrants alsaciens passant les Vosges

Erckmann-Chatrian, Abbé Hunckler,
Prosper Baur, Charles Braun

Contes d'Alsace

Sélectionnés par Charles Klinger

EDITIONS JEAN-PAUL GISSEROT
www.editions-gisserot.eu

Le combat d'ours

Ce qui désole le plus ma chère tante, dit Kasper, après mon enthousiasme pour la taverne de maître Sébaldus Dick, c'est d'avoir un peintre dans la famille !

Dame Catherine aurait voulu me voir avocat, juge, procureur ou conseiller. Ah ! si j'étais devenu conseiller comme M. Andreus Van Berghum ; si j'avais nasillé de majestueuses sentences, en caressant du bout des ongles un jabot de fines dentelles, quelle estime, quelle vénération la digne femme aurait eue pour monsieur son neveu ! Comme elle aurait parlé avec amour de monsieur le conseiller Kasper ! Comme elle aurait cité, à tout propos, l'avis de monsieur notre neveu le conseiller ! C'est alors qu'elle m'aurait servi ses plus fines confitures ; qu'elle m'aurait versé chaque soir avec componction, au milieu de son cercle de commères, un doigt de vin muscat de l'an XI, disant : « Goûtez-moi cela, monsieur le conseiller ; il n'en reste plus que dix bouteilles ! ». Tout eût été bien, convenable, parfait de la part de monsieur notre neveu Kasper, le conseiller à la cour de justice.

Hélas ! le Seigneur n'a pas voulu que la digne femme obtint cette satisfaction suprême : le neveu s'appelle Kasper tout court, Kasper Diderich ; il n'a point de titre, de canne, ni de perruque, il est peintre !... et dame Catherine se rappelle sans cesse le vieux proverbe : « Gueux comme un peintre » ce qui la désole. Moi, dans les premiers temps, j'aurais voulu lui faire comprendre qu'un véritable artiste est aussi quelque chose de respectable ; que ses œuvres traversent parfois les siècles et font l'admiration des générations futures, et qu'à la rigueur, un tel personnage peut bien valoir un conseiller. Malheureusement, j'eus la douleur de ne pas réussir ; elle haussait les épaules, joignait les mains et ne daignait pas même me répondre.

J'aurais tout fait pour convertir ma tante Catherine, tout ; mais lui sacrifier l'art, la vie d'artiste, la musique, la peinture, la taverne de Sébaldus, plutôt mourir !

La taverne de maître Sébaldus est vraiment un lieu de délices. Elle forme le coin entre la rue sombre des Hallebardes et la petite place de la Cigogne. A peine avez-vous dépassé sa porte cochère, que vous découvrez à l'intérieur une grande cour carrée entourée de vieilles galeries vermoulues, où monte un escalier de bois ; tout autour s'ouvrent de petites fenêtres à mailles de plomb, à la mode du dernier siècle, des lucarnes, des soupiraux. Les piliers du hangar soutiennent le toit affaissé : la grange, les petites tonnes rangées dans un coin, l'entrée de la cave à gauche, une sorte de pigeonnier qui s'élance en pointe au-dessus du pignon ; puis, au-dessous des galeries, d'autres fenêtres au fond desquelles vous voyez, encadrés dans l'ombre, les buveurs avec leurs tricornes, leurs nez rouges, pourpres, cramoisis, les petites femmes du Hundsrück, avec leurs bonnets de velours à grands rubans de moire tremblotants, graves, rieuses ou grotesques ; le grenier à foin en l'air sous le toit, les écuries, les réduits à porcs, tout cela, pêle-mêle, attire et confond vos regards. C'est étrange, vraiment étrange !…

Depuis cinquante ans, pas un clou n'a été posé dans la vieille masure ; vous diriez un antique et respectable nid a rats. Et quand le soleil d'automne, ce beau soleil rouge comme le feu, tamise sur la taverne sa poussière d'or ; quand, à la chute du jour, les angles ressortent et que les ombres se creusent ; quand le cabaret chante et nasille, quand les canettes tintent ; quand le gros Sébaldus, son tablier de cuir sur les genoux, passe et court à la cave un broc au poing ; quand sa femme Grédel lève le châssis de la cuisine, et qu'avec son grand couteau ébréché elle racle des poissons, ou coupe le cou de ses poulets, de ses oies, de ses canards, qui gloussent, sanglotent et se débattent sous une pluie de sang ; quand la douce Fridoline, avec sa petite bouche rose et ses longues tresses blondes, se penche à sa fenêtre pour arranger son chèvrefeuille, et qu'au dessus se promène le gros chat roux de la voisine, balançant la queue et suivant de ses yeux verts l'hirondelle qui tourbillonne dans l'azur sombre, alors je vous jure qu'il faudrait ne pas avoir une goutte de sang artiste dans les veines, pour ne point s'arrêter en extase, prêtant l'oreille à ces murmures, à ces bruits, à ces chuchotements ; regardant ces lueurs tremblotantes, ces ombres fugitives, et pour ne pas dire tout bas : « Que c'est beau ! »

Mais c'est un jour de fête, un jour de grande réunion, lorsque tous les joyeux convives de Bergzabern se pressent dans la vaste salle du rez-de-chaussée ; un jour de combat de coqs, de combat de chiens, ou de lanterne magique, c'est un de ces jours-là qu'il faut voir la taverne de maître Sébaldus.

L'automne dernier, le samedi de la Saint-Michel, entre une et deux heures de l'après-midi, nous étions tous réunis autour de la grande table de chêne : le vieux docteur Melchior, le chaudronnier Eisenloëffel et sa commère, la vieille Berbel Rasimus, Johannes le capucin, Borves Fritz, clarinette à la taverne du Pied-de-Bœuf, et cinquante autres riant, chantant, criant, jouant au youker, vidant des chopes, mangeant du boudin et des andouilles.

La mère Grédel allait et venait ; les jolies servantes Heinrichen et Lotché montaient et descendaient l'escalier de la cuisine comme des écureuils, et dehors, sous la grande porte cochère, retentissait …un bruit joyeux de cymbales et de grosse caisse : « Zing… zing… boum… boum !… Hé ! hohé ! grande bataille, l'ours des Asturies Bépo et Baptiste le Savoyard, contre tous les chiens du pays !… Boum ! boum ! Entrez, Messieurs, Mesdames ! On verra le buffle de la Calabre et l'onagre du désert. Courage, Messieurs… entrez… entrez ! »

On entrait en foule.

Sébaldus, en travers de la porte avec son gros ventre, barrait le passage comme Horatius Coclès, criant :

« Vos cinq kreutzers, canailles !… vos cinq kreutzers !… ou je vous étrangle ! »

C'était une bagarre épouvantable, on se grimpait sur le dos pour arriver plus vite ; la petite Brigitte Kèra y perdit un bas, et la vieille Anna Seiler la moitié de sa jupe.

Vers deux heures, le meneur d'ours, un grand gaillard, roux de barbe et de cheveux, coiffé d'un immense feutre gris en pain de sucre, entrouvrit la porte et nous cria :

« La bataille va commencer ».

Aussitôt les tables furent abandonnées ; on ne prit pas même le temps de vider son verre. Je courus au grenier à foin, j'en grimpai l'échelle quatre à quatre et je la retirai après moi. Alors, assis tout seul sur une botte de paille, au bord de la lucarne, j'eus le plus beau coup d'œil qu'il soit possible de voir.

Dieu ! que de monde ! Les vieilles galeries en craquaient, les toits en pliaient ; il y en avait, il y en avait, mon Dieu, cela faisait frémir ! On aurait dit que tout devait tomber ensemble ; que les gens, entassés les uns sur les autres, devaient se fondre entre les balustrades, comme les grappes sous le pressoir.

Il y en avait de pendus en forme de hottes à l'angle des piliers, plus haut, sur la gouttière, plus haut, dans le pigeonnier, plus haut, dans les lucarnes de la mairie, plus haut, sur le clocher de Saint-Christophe ; et tout ce monde se penchait, hurlait et criait :

« Les ours ! les ours ! »

Quand j'eus suffisamment admiré la foule innombrable, abaissant les yeux, je vis sur l'aire de la cour un pauvre âne plus maigre, plus décharné que le coursier fantôme de l'Apocalypse, la paupière demi-close, les oreilles pendantes. C'est lui qui devait commencer la bataille.

« Faut-il que les gens soient bêtes ! » me dis-je en moi-même.

Cependant les minutes se passaient, le tumulte redoublait, on ne se possédait plus d'impatience, lorsque le grand pendard roux, avec son immense feutre gris, s'avançant au milieu de la cour, s'écria d'un ton solennel, le poing sur la hanche :

« L'onagre du désert défie tous les chiens de la ville ».

Il se fit un profond silence. Le boucher Daniel, les yeux à fleur de tête et la bouche béante, regardant de tous côtés, demanda :

« Où donc est l'onagre ?

— Le voilà !

— Ça ! mais c'est un âne ! »

Et tout le monde cria :

« C'est un âne ! C'est un âne !

— C'est un onagre !

— Eh bien, nous allons voir, » dit le boucher en riant.

Il siffla son chien, et, lui montrant l'âne :

« Foux… attrape ! »

Mais, chose bizarre, à peine l'âne eut-il vu le chien accourir, qu'il se retourna lestement et lui détacha un coup de pied haut la jambe, si juste qu'il en eut la mâchoire fracassée.

Des éclats de rire immenses s'élevèrent jusqu'au ciel, tandis que le chien se sauvait poussant des cris lamentables.

« Eh bien, cria le meneur d'ours, direz-vous encore que mon onagre est un âne ?

— Non, fit Daniel tout honteux, je vois bien maintenant que c'est un onagre.

— A la bonne heure, à la bonne heure. Que d'autres viennent encore combattre cet animal rare, nourri dans les déserts ; qu'ils approchent, l'onagre les attend ! »

Mais aucun ne se présentait ; le meneur d'ours avait beau crier de sa voix perçante :

« Voyons, Messieurs, Mesdames, est-ce qu'on a peur ?... peur de mon onagre ? C'est honteux pour les chiens du pays. Allons, courage … courage … Messieurs, Mesdames ! »

Personne ne voulait risquer son chien contre cet âne dangereux. Le tumulte recommençait.

« Les ours ! Les ours ! Qu'on fasse venir les ours ! »

Au bout d'un quart d'heure, l'homme vit bien qu'on était las de son onagre ; c'est pourquoi, l'ayant fait entrer dans la grange, il s'approcha du réduit à porcs, l'ouvrit et tira dehors, par sa chaîne, Baptiste le Savoyard, un vieil ours brun tout râpé, triste et honteux comme un ramoneur qui sort de sa cheminée. Malgré cela, les applaudissements éclatèrent ; et les chiens de combat eux-mêmes, enfermés sous le porche de la taverne, sentant l'odeur des fauves, hurlèrent à la mort d'une façon vraiment tragique. Le pauvre ours fut conduit près d'un solide épieu, contre le mur de la buanderie, et se laissa tranquillement attacher, promenant sur la foule des regards mélancoliques.

« Pauvre vieux routier ! m'écriai-je en moi-même, qui t'aurait dit, il y a dix ans, lorsque tu parcourais seul, grave et terrible, les hauts glaciers de la Suisse, ou les sombres ravins de l'Underwald, et que tes hurlements faisaient trembler jusqu'aux vieux chênes de la montagne, qui t'aurait dit alors qu'un jour, triste et résigné, la gueule cerclée de fer, tu serais attaché au carcan et dévoré par de misérables chiens, pour l'amusement de Bergzabern ? Hélas ! hélas ! Sic transit gloria mundi ! »

Comme je rêvais à ces choses, tout le monde se penchant pour voir, je fis comme les autres, et je reconnus que l'action allait s'échauffer.

Les limiers du vieux Heinrich, dressés à la chasse du sanglier, venaient de s'avancer à l'autre bout de la cour. Retenus par leur maître, ces animaux écumaient de rage. C'était un grand danois à la robe blanche tachetée de noir, souple, nerveux, les mâchoires déchaussées comme un crocodile, puis un de ces grands lévriers du Tannevald, dont le jarret n'a pas été coupé selon l'ordonnance, les flancs évidés, les côtes saillantes, la tête en flèche, les reins noueux et secs comme un bambou. Ils n'aboyaient pas, ils tiraient à la longe, et le vieux Heinrich, son feutre gris à feuille de chêne renversé sur la nuque, la moustache rousse hérissée, le nez mince en lame de rasoir recourbé sur les lèvres, et ses longues jambes à guêtres de cuir arc-boutées contre les dalles, avait peine à les retenir des deux mains, en leur opposant tout le contrepoids de son corps.

« Retirez-vous ! retirez-vous ! » criait-il d'une voix vibrante. Et le meneur d'ours se dépêchait de regagner sa niche derrière le bûcher.

C'est alors qu'il fallait voir toutes ces figures inclinées sur les balustrades, pourpres, haletantes, les yeux hors de la tête !

L'ours était accroupi, ses larges pattes en l'air ; il frissonnait dans sa grosse peau rousse, et sa muselière paraissait le gêner considérablement. Tout à coup la corde fut lâchée ; les chiens ne firent qu'un bond d'une extrémité de la cour à l'autre, et leurs dents aiguës se cramponnèrent aux oreilles du pauvre Baptiste, dont les griffes passèrent autour du cou des limiers, s'imprimant dans leurs reins avec une telle force que le sang jaillit aussitôt. Mais lui-même saignait, ses oreilles se déchiraient, les chiens tenaient ferme, et ses yeux jaunes lançaient au ciel un regard navrant. Pas un cri, pas un soupir, les trois animaux restaient là, immobiles comme un groupe de pierre.

Moi, je sentais la sueur me couler le long du dos.

Cela dura plus de cinq minutes. Enfin le lévrier parut céder un peu ; l'ours appuya plus fortement sur lui sa serre pesante, l'œil du vieux routier brilla d'espérance, puis il y eut encore un temps d'arrêt. On entendit un hoquet terrible, une sorte de craquement : l'échine du lévrier venait de se casser, il tomba sur le flanc, la gueule sanglante.

Alors Baptiste embrassa voluptueusement le danois des deux pattes, celui-ci tenait toujours, mais ses dents glissaient sur l'oreille, tout à coup il fléchit et fit un bond en arrière ; l'ours s'élança furieux, sa chaîne le retint. Le chien s'enfuit, rouge de sang, jusque derrière le veneur qui lui fit bon accueil, regardant de loin le lévrier qui ne revenait pas.

Baptiste avait posé sa griffe sur ce cadavre, et, la tête haute, il flairait le carnage à pleins poumons : le vieux héros s'était retrouvé ! Des applaudissements frénétiques s'élevèrent des galeries jusqu'à la cime du clocher. L'ours semblait les comprendre. Je n'ai jamais vu d'attitude plus fière, plus résolue.

Après ce combat, toutes les bonnes gens reprenaient haleine ; le capucin Johannes, assis sur la balustrade en face, agitait son bâton et souriait dans sa longue barbe fauve.

On avait besoin de se remettre, on s'offrait une prise de tabac, et la voix du docteur Melchior, développant les différentes chances de la bataille, s'entendait de loin. Il n'eut pas le temps de finir son discours, car la porte de la grange s'ouvrit, et plus de vingt-cinq chiens, grands et petits, tous les maraudeurs de la ville, offerts en holocauste pour la circonstance, débouchèrent dans la cour, hurlant, jappant, aboyant. Puis, d'un commun accord, ils se retirèrent dans un coin fort éloigné de l'ours, et de là continuèrent à se fâcher, à s'élancer, à reculer, à faire de l'opposition.

« Oh ! les lâches ! … Oh ! la canaille !… criaient les gens courageux de la galerie, oh ! les misérables !…»

Eux levaient le nez et semblaient répondre en jappant :

« Allez-y donc vous-mêmes ! » L'ours cependant se tenait sur ses gardes, quand, à la stupeur générale, Heinrich revint avec son danois.

J'ai su depuis qu'il avait parié cinquante florins contre le garde-chasse Joseph Kilian, de le faire reprendre. Il s'avança donc le caressant de la main, puis lui montrant l'ours :

« Courage, Blilz ! » s'écria-t-il.

Et le noble animal, malgré ses blessures, recommença l'attaque.

Alors tous les poltrons, toute la canaille des roquets, des caniches, des tournebroches accourut à la file, et le pauvre vieux Baptiste en fut couvert ; il roulait dessus, hurlant, grognant écrasant l'un, estropiant l'autre, se débattant avec fureur.

Le brave danois se montrait encore le plus intrépide ; il avait pris l'ours à la tignasse et roulait avec lui les pattes en l'air, tandis que d'autres lui mordaient les jarrets, d'autres ses pauvres oreilles sanglantes. Cela n'en finissait plus.

« Assez ! assez ! » criait-on de toutes parts.

Quelques-uns cependant répétaient avec acharnement :

« Sus ! sus !… courage !…» Heinrich, en ce moment,

traversa la cour comme un éclair ; il vint saisir son chien par la queue, et le tirant de toutes ses forces :

« Blilz ! Blilz !... lâcheras-tu ? » Bah ! rien n'y faisait. Le veneur réussit enfin à lui faire lâcher prise par un coup de fouet terrible, et, l'entraînant aussitôt, il disparut à l'angle de la porte cochère.

Les roquets n'avaient pas attendu son départ pour battre en retraite ; quatre ou cinq restaient sur le flanc ; les autres, effarés, éclopés, courant, boitant, cherchaient à grimper aux murs. Tout à coup l'un d'eux, le carlin de la vieille Rasimus, aperçut la fenêtre de la cuisine, et, plein d'un noble enthousiasme, il enfila l'une des vitres. Tous les autres, frappés de cette idée lumineuse, passèrent par là sans hésiter. On entendit les soupières, les casseroles, toute la vaisselle tomber avec fracas, et la mère Grédel jeter des cris aigus :

« Au secours !... au secours ! »

Ce fut le plus beau moment du spectacle : on n'en pouvait plus de rire, on se tordait les côtes.

« Ha ! ha ! ha ! la bonne farce ! » Et de grosses larmes coulaient sur les joues pourpres des spectateurs ; les ventres galopaient à perdre haleine.

Au bout d'un quart d'heure, le calme s'était rétabli. On attendait avec impatience le terrible ours des Asturies.

« L'ours des Asturies !... L'ours des Asturies !...»

Le meneur d'ours faisait signe au public de se taire, qu'il avait quelque chose à dire. Impossible ! les cris redoublaient :

« L'ours des Asturies !... L'ours des Asturies ! » Alors cet homme prononça quelques paroles intelligibles, détacha l'ours brun et le reconduisit dans sa bauge ; puis, avec toute sorte de précautions, il ouvrit la porte du réduit voisin et saisit le bout d'une chaîne qui traînait à terre. Un grondement formidable se fit entendre à l'intérieur. L'homme passa rapidement la chaîne dans un anneau de la muraille et sortit en criant :

« Hé ! vous autres, lâchez les chiens ! ». Presque aussitôt un petit ours gris, court, trapu, la tête plate, les oreilles écartées de la nuque, les yeux rouges et l'air sinistre, s'élança de l'ombre, et, se sentant retenu, poussa des hurlements furieux. Evidemment cet ours avait des opinions philosophiques déplorables. Il était, en outre, surexcité au dernier point par les aboiements et le bruit du combat qu'il venait d'entendre, et son maître faisait très bien de s'en méfier.

« Lâchez les chiens ! criait le meneur en passant le nez par la lucarne de la grange, lâchez les chiens ! »

Puis il ajouta :

« Si l'on n'est pas content, ce ne sera pas de ma faute. Que les chiens sortent, et l'on va voir une belle bataille ! » Au même instant, le dogue de Ludwig-Kord, et les deux chiens-loups du vannier Fischer de Hirschland, la queue traînante, le poil long, la mâchoire allongée et l'oreille droite, s'avancèrent ensemble dans la cour.

Le dogue, calme, la tête pesante, bâilla en se détirant les jambes et fléchissant les reins.

Il ne voyait pas encore l'ours, et semblait s'éveiller. Mais après avoir bâillé longuement, il se retourna, vit l'ours, et resta immobile, comme stupéfait. L'ours regardait aussi, l'oreille tendue, ses deux grosses serres crispées sur le pavé, ses petits yeux étincelants comme à l'affût.

Les deux chiens-loups se rangèrent derrière le dogue.

Le silence était tel alors qu'on aurait entendu tomber une feuille ; un grondement sourd, grave, profond comme un bruit d'orage, donnait le frisson à la foule.

Tout à coup le dogue bondit, les deux autres le suivirent et, durant quelques secondes, on ne vit plus qu'une masse rouler autour de la chaîne, puis des entrailles vertes et bleues, mêlées de sang, couler sur les dalles, puis, enfin, l'ours se relever, tenant le dogue sous sa serre tranchante, balancer sa lourde tête avec un soupir et bâiller à son tour, car il n'avait plus de muselière, elle s'était détachée dans le combat !

Un vague chuchotement courait autour des galeries ; on n'applaudissait plus, on avait peur ! Le dogue râlait, les deux autres chiens en lambeaux ne donnaient plus signe de vie. Dans les écuries voisines, de longs mugissements annonçaient la terreur du bétail, des ruades ébranlaient les murs ; et pourtant l'ours ne bougeait pas, il semblait jouir de la terreur générale.

Or, comme on était ainsi, voilà qu'un faible craquement se fit entendre, puis un autre : les vieilles galeries vermoulues commençaient à fléchir sous le poids énorme de la foule !… Et ce bruit, dans le silence de l'attente, ce faible bruit avait quelque chose de si terrible, que moi-même, à l'abri dans mon grenier, je me sentis froid subitement. Aussi, promenant les yeux sur les galeries en face, je vis toutes les figures pâles, d'une pâleur étrange ; quelques unes, la bouche béante, les autres, les cheveux hérissés, écoutant, retenant leur haleine. Les joues du capucin Johannes, assis sur la balustrade, avaient des teintes verdâtres, et le gros nez cramoisi du docteur Melchior s'était décoloré pour la première fois depuis vingt-cinq ans. Les petites femmes grelottaient sans bouger de leur place, sachant que la moindre secousse pourrait entraîner la chute générale.

J'aurais voulu fuir ; il me semblait voir les vieux piliers de chêne s'enfoncer dans la terre. Etait-ce une illusion de la peur ? Je l'ignore, mais au même instant la grosse poutre fit un éclat et s'affaissa de trois pouces au moins. Alors, mes chers amis, ce fut quelque chose d'horrible. Autant le silence avait été grand, autant le tumulte, les cris, les gémissements devinrent affreux. Cette masse d'êtres amoncelés dans les galeries, comme dans une hotte immense, se prirent à grimper les uns par-dessus les autres, à se cramponner aux murs, aux piliers, aux balustrades, à se frapper même avec rage, à mordre, pour fuir plus vite. Et, dans cette épouvantable bagarre la voix plaintive de Thérèsa Becker, prise tout à coup de mal d'enfant, s'entendait comme la trompette du jugement dernier.

O Dieu ! rien qu'à ce souvenir, je me sens encore frissonner. Le Seigneur me préserve de revoir jamais un pareil spectacle.

Mais ce qu'il y avait de plus terrible, c'est que l'ours se trouvait précisément attaché tout près de l'escalier de la cour qui monte aux galeries.

Je me rappellerai mille ans la figure du capucin Johannes, qui s'était fait jour avec son grand bâton et mettait le pied sur la première marche, lorsqu'il aperçut, au bas de l'escalier, Beppo accroupi sur son derrière, la chaîne tendue et l'œil réjoui, prêt à le happer au passage.

Ce qu'il fallut alors de force à maître Johannes pour se cramponner à la rampe et retenir la foule qui le poussait en avant, nul ne le sait. Je vis ses larges mains saisir les montants de l'escalier, son dos s'arc-bouter comme celui du géant Atlas, et je crois qu'il aurait lui-même, dans ce moment, porté le ciel sur ses épaules.

Au milieu de cette bagarre, et comme rien ne semblait pouvoir conjurer la catastrophe, la porte de l'étable s'ouvrit brusquement, et le terrible Horni, le magnifique taureau de maître Sébaldus, le fanon flottant comme un tablier, le mufle couvert d'écume, s'élança dans la cour.

C'était une inspiration de notre digne maître de taverne ; il sacrifiait son taureau pour sauver le public. En même temps, la bonne grosse tête rouge du brave homme apparaissait à la lucarne de l'étable, criant à la foule de ne pas s'effrayer, qu'il allait ouvrir l'escalier intérieur qui descend dans la vieille synagogue, et que tout le monde pourrait sortir par la rue des Juifs.

Ce qui fut fait deux ou trois minutes plus tard, à la satisfaction générale !

Mais écoutez la fin de l'histoire.

A peine l'ours avait-il aperçu le taureau, qu'il s'était élancé vers ce nouvel adversaire d'un bond si terrible, que sa chaîne s'était cassée du coup. Le taureau, lui, à la vue de l'ours, s'accula dans l'angle de la cour près du pigeonnier, et, la tête basse entre ses jambes trapues, il attendit l'attaque.

L'ours fit plusieurs tentatives pour se glisser contre le mur, allant de droite à gauche ; mais le taureau, le front contre terre, suivait ce mouvement avec un calme admirable.

Depuis cinq minutes, les galeries étaient vides ; le bruit de la foule, s'écoulant par la rue des Juifs, s'éloignait de plus en plus, et la manœuvre des deux adversaires semblait devoir se prolonger indéfiniment, lorsque tout à coup le taureau, perdant patience, se rua sur l'ours de tout le poids de sa masse. Celui-ci, serré de près, se réfugia dans la niche du bûcher ; la tête du taureau l'y suivit et le cloua sans doute contre la muraille, car j'entendis un hurlement terrible, suivi d'un craquement d'os, et presque aussitôt un ruisseau de sang serpenta sur le pavé.

Je ne voyais que la croupe du taureau et sa queue tourbillonnante. On eût dit qu'il voulait enfoncer le mur, tant ses pieds de derrière pétrissaient les dalles avec fureur. Cette scène silencieuse au fond de l'ombre avait quelque chose d'épouvantable. Je n'en attendis pas la fin, je descendis tout doucement l'échelle de mon grenier, et je me glissais hors de la cour comme un voleur. Une fois dans la rue, je ne saurais dire avec quel bonheur je respirais le grand air ; et, traversant la foule réunie devant la porte, autour du meneur d'ours, qui s'arrachait les cheveux de désespoir, je me pris à courir vers la demeure de ma tante.

J'allais tourner le coin des arcades, lorsque je fus arrêté par mon vieux maître de dessin, Conrad Schmidt.

« Hé ! Kasper, me cria-t-il, où diable cours-tu si vite ?

— Je vais dessiner la grande bataille d'ours ; lui répondis-je avec enthousiasme.

— Encore une scène de taverne, sans doute ? fit-il en hochant la tête.

— Hé ! pourquoi pas, maître Conrad ? Une belle scène de taverne vaut bien une scène du forum ! »

J'allais le quitter, mais lui, s'accrochant à mon bras, poursuivit d'un ton grave :

« Kasper, au nom du ciel, écoute-moi ! Je n'ai plus rien à t'apprendre : tu dessines mieux que Schwaan, et tu peins comme Van Berghem. Ta couleur est grasse, bien fondue, harmonieuse. Il faut maintenant voyager. Remercie le ciel de t'avoir donné 1,500 florins de rente. Chacun ne possède pas cet avantage. Il faut aller voir l'Italie, le ciel pur de la belle Italie, au lieu de perdre ton temps à courir les tavernes ! tu vivras là en société de Raphaël, de Michel-Ange, de Paul Véronèse, du Titien et de maître Léonard, le phénix des phénix ! Tu nous reviendras grandi de sept coudées, et tu feras la gloire du vieux Conrad !

— Que diable me chantez-vous là, maître Schmid ? m'écriai-je, vraiment indigné. C'est ma tante Catherine qui vous a soufflé cela, pour m'éloigner de la taverne de Sébaldus Dick, mais il n'en sera rien ! Quand on a eu le bonheur de naître à Bergzaben, entre les superbes vignobles de Rhingau et les belles forêts du Hundsrück, est-ce qu'il faut songer aux voyages ? Dans quelle partie du monde trouve-t-on d'aussi beaux jambons qu'aux portes de Mayence, d'aussi bons pâtés que sur les rives de Strasbourg, de plus nobles vins qu'un Rüdesheim, Markobrünner, Steinberg, de plus jolies filles qu'à Pirmasens, Kaiserslautern, Anweiler, Neusradt ? Où trouve-t-on des physionomies plus dignes d'être transmises à la postérité que dans notre bonne petite ville de Bergzabern ! Est-ce à Rome, à Naples, à Venise ? Mais tous ces pêcheurs, tous ces lazzarones, tous ces pâtres se ressemblent ; on les a peints et repeints cent mille fois. Ils ont tous le nez droit, le ventre creux et les jambes maigres. Tenez, maître Conrad, sans vous flatter, avec votre petit nez rabougri, votre casquette de cuir et votre souquenille grise barbouillée de couleur, je vous trouve mille fois plus beau que l'Apollon du Belvédère.

— Tu veux te moquer de moi, s'écria le bonhomme stupéfait.

— Non, je dis ce que je pense. Au moins, vous n'avez pas les yeux dans le front, et les jambes sèches comme une chèvre. Et puis, allez donc trouver dans vos antiques une tête plus remarquable que celle de notre vieux docteur Melchior, sa perruque jaune-clair tortillée sur le dos, le tricorne sur la nuque, et la face empourprée comme une grappe en automne !

— Est-ce que votre Hercule Farnèse, avec sa peau de lion et sa massue, vaut notre bon, notre gros, notre digne maître de taverne Sébaldus Dick, avec son grand tablier de cuir déployé sur le ventre, depuis le triple menton jusqu'aux cuisses, la face épanouie comme une rose, le nez rouge comme une framboise, les yeux bleus à fleur de tête comme une grenouille, et la lèvre humide avancée en goulot de carafe ? Regardez-le de profil, maître Conrad, quand il boit. Quelle ligne magnifique, depuis le haut du coude, le long des reins, des cuisses et des mollets ! Quelle cascade de chair ! Voilà ce que j'appelle un chef-d'œuvre de la création ! Maître Sébaldus ne tue pas des hydres, mais il avale huit bouteilles de johannisberg et deux aunes de boudin dans une soirée ; il aime mieux tenir un broc que des serpents. Est-ce une raison suffisante pour méconnaître son mérite ?

— Et notre brave capucin Johannes, avec sa grande barbe fauve, ses pommettes osseuses, ses yeux gris, ses noirs sourcils joints au milieu du front comme un bouc ; quel air de grandeur, de majesté, quand il entonne d'une voix sonore le chant sublime : Buvons ! buvons ! buvons ! Comme sa main musculeuse presse le verre, comme son œil étincelle… N'est-ce pas de la couleur, cela, de la vraie couleur, solide et franche, maître Conrad ?

— Et trouvez-moi donc dans tous vos antiques deux plus jolies créatures que cette Roberte Weber et sa sœur Eva, les deux chanteuses de carrefour, lorsqu'elles vont de taverne en taverne, le soir, l'une sa guitare sous le bras, l'autre sa harpe pendue à l'épaule, et qu'elles traînent derrière elles leurs vieilles robes fanées avec toute la majesté de Sémiramis. Voilà ce que je nomme des modèles, de vrais modèles ! Oui, toutes déguenillées qu'elles sont, avec leurs vieilles robes flétries, Eva et Roberte parlent à mon âme ; leurs yeux noires, leur teint brun, leur profil sévère m'enthousiasment ; je les estime plus que toutes les Vénus de l'univers : au moins elles ne posent pas !

— Et quant à tous ces paysages arides, ces paysages à grandes lignes qu'on nous envoie d'Italie, quant à leurs golfes, à leurs ruines, le moindre coin de haie où bourdonne un hanneton, le plus petit chemin creux où grimpe une rosse étique traînant une charrette, les roues fangeuses, le fouet qui s'effile dans l'air, un rien : une mare à canards, un rayon de soleil dans un grenier, une tête de rat dans l'ombre, qui grignote et se peigne la moustache, me transportent mille fois plus que vos colonnes tronquées, vos couchers de soleil et vos effets de nuit ! Voyez-vous, maître Conrad, tout cela, c'est de l'imitation. Les païens ont accompli leur œuvre. Elle est magnifique… je le reconnais, mais, au lieu de la copier platement, il s'agit de faire la nôtre !… On nous assomme avec le grand style, le genre grave, l'idéal grec. Moi, je ne veux être d'aucune académie et je suis Flamand. J'aime le naturel et les andouilles cuites dans leur jus. Quand les

Italiens feront des saucisses plus délicates, plus appétissantes que celles de la mère Grédel, et que les personnages de leurs bas-reliefs et de leurs tableaux n'auront pas l'air de poser, comme des acteurs devant le public, alors j'irai m'établir à Rome. En attendant, je reste ici. Mon Vatican à moi, c'est la taverne de maître Sébaldus. C'est là que j'étudie les beaux modèles et les effets de lumière en vidant des chopes. C'est bien plus amusant que de rêver sur des ruines ». J'en aurais dit davantage, mais nous étions arrivés à ma porte.

« Allons, bonsoir, maître Conrad, m'écriai-je en lui serrant la main, et sans rancune.

— De la rancune ! fit le vieux maître en souriant, tu sais bien qu'au fond je suis de ton avis. Si je te dis quelquefois d'aller en Italie, c'est pour faire plaisir à tante Catherine. Mais suis ton idée, Kasper ; ceux qui prennent l'idée d'un autre ne font jamais rien. »

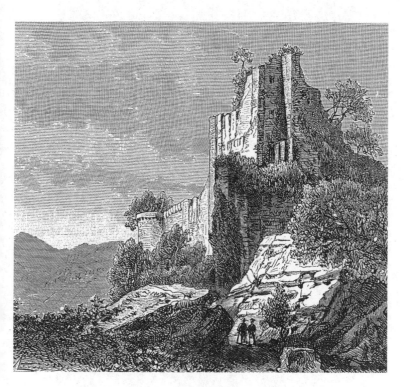
Château de Hohenkoenigsbourg

La comète

L'année dernière, avant les fêtes du carnaval, le bruit courut à Hunebourg que le monde allait finir. C'est le docteur Zacharias Piper, de Colmar, qui répandit d'abord cette nouvelle désagréable ; elle se lisait dans le Messager boiteux, dans le Parfait Chrétien et dans cinquante autres almanachs.

Zacharias Piper avait calculé qu'une comète descendrait du ciel le mardi gras, qu'elle aurait une queue de trente-cinq millions de lieues, formée d'eau bouillante, laquelle passerait sur la terre, de sorte que les neiges des plus hautes montagnes en seraient fondues, les arbres desséchés et les gens consumés.

Il est vrai qu'un honnête savant de Paris, nommé Popinot, écrivit plus tard que la comète arriverait sans doute, mais que sa queue serait composée de vapeurs tellement légères que personne n'en éprouverait le moindre inconvénient ; que chacun devait s'occuper tranquillement de ses affaires ; qu'il répondait de tout.

Cette assurance calma bien des frayeurs.

Malheureusement, nous avons à Hunebourg une vieille fileuse de laine, nommée Maria Finck, demeurant dans la ruelle des Trois-Pots. C'est une petite vieille toute blanche, toute ridée, que les gens vont consulter dans les circonstances délicates de la vie.

Elle habite une chambre basse, dont le plafond est orné d'œufs peints, de bandelettes roses et bleues, de noix dorées et de mille autres objets bizarres. Elle se revêt elle-même d'antiques falbalas, et se nourrit d'échaudés, ce qui lui donne une grande autorité dans le pays.

Maria Finck, au lieu d'approuver l'avis de l'honnête et bon M. Popinot, se déclara pour Zacharias Piper, disant :

« Convertissez-vous et priez ; repentez-vous de vos fautes et faites du bien à l'Église, car la fin est proche, la fin est proche ! » On voyait au fond de sa chambre une image de l'enfer, où les gens descendaient par un chemin de roses. Aucun ne se doutait de l'endroit où les menait cette route ; ils marchaient en dansant, les uns une bouteille à la main, les autres un jambon, les autres un chapelet de saucisses. Un ménétrier, le chapeau garni de rubans, leur jouait de la clarinette pour égayer le voyage ; plusieurs embrassaient leurs commères, et tous ces malheureux s'approchaient avec insouciance de la cheminée pleine de flammes, où déjà les premiers d'entre eux tombaient, les bras étendus et les jambes en l'air.

Qu'on se figure les réflexions de tout être raisonnable en voyant cette image. On n'est pas tellement vertueux que chacun n'ait un certain nombre de péchés sur la conscience, et personne ne peut se flatter de s'asseoir tout de suite à la droite du Seigneur. Non, il faudrait être bien présomptueux pour oser s'imaginer que les choses iront de la sorte ; ce serait la marque d'un orgueil très condamnable. Aussi la plupart se disaient :

« Nous ne ferons pas le carnaval ; nous passerons le mardi gras en actes de contrition. » Jamais on n'avait vu rien de pareil. L'adjudant et le capitaine de place, ainsi que les sous-officiers de la 3ème compagnie du*** en garnison à Hunebourg, étaient dans un véritable désespoir.

Tous les préparatifs pour la fête, la grande salle de la mairie qu'ils avaient décorée de mousse et de trophées d'armes, l'estrade qu'ils avaient élevée pour l'orchestre, la bière, le kirsch, les bischofs qu'ils avaient commandés pour la buvette, enfin tous les rafraîchissements allaient être en pure perte, puisque les demoiselles de la ville ne voulaient plus entendre parler de danse.

— Je ne suis pas méchant, disait le sergent Duchêne, mais si je tenais votre Zacharias Piper, il en verrait des dures.

Avec tout cela, les plus désolés étaient encore Daniel Spitz, le secrétaire de la mairie, Jérôme Bertha, le fils du maître de poste, le percepteur des contributions Dujardin, et moi. Huit jours avant, nous avions fait le voyage de Strasbourg pour nous procurer des costumes. L'oncle Tobie m'avait même donné cinquante francs de sa poche, afin que rien ne fût épargné. Je m'étais donc choisi, chez Melle Dardenai, sous les petites arcades, un costume de Pierrot. C'est une espèce de chemise à larges plis et longues manches, garnie de boutons en forme d'oignons, gros comme le poing, qui vous ballottent du menton jusque sur les cuisses. On se couvre la tête d'une calotte noire, on se blanchit la figure de farine, et pourvu qu'on ait le nez long, les joues creuses et les yeux bien fendus, c'est admirable.

Dujardin, à cause de sa large panse, avait pris un costume de Turc, brodé sur toutes les coutures ; Spitz un habit de polichinelle, formé de mille pièces rouges, vertes et jaunes, une bosse devant, une autre derrière, le grand chapeau de gendarme sur la nuque ; on ne pouvait rien voir de plus beau. Jérôme Bertha devait être en sauvage, avec des plumes de perroquet. Nous étions sûrs d'avance que toutes les filles quitteraient leurs sergents, pour se pendre à nos bras.

Et quand on fait de pareilles dépenses, de voir que tout s'en va au diable par la faute d'une vieille folle ou d'un Zacharias Piper, n'y a-t-il pas de quoi prendre le genre humain en grippe ?

Enfin, que voulez-vous ? Les gens ont toujours été les mêmes ; les fous auront toujours le dessus.

Le mardi gras arrive. Ce jour-là, le ciel était plein de neige. On regarde à droite, à gauche, en haut, en bas, pas de comète ! Les demoiselles paraissent toutes confuses ; les garçons couraient chez leurs cousines, chez leurs tantes, chez leurs marraines, dans toutes les maisons : « Vous voyez bien que la vieille Finck est folle, toutes vos idées de comète n'ont pas de bon sens. Est-ce que les comètes arrivent en hiver ? Est-ce qu'elles ne choisissent pas toujours le temps des vendanges ? Allons, allons, il faut se décider, que diable ! Il est encore temps, etc. »

De leur côté, les sous-officiers passaient dans les cuisines et parlaient aux servantes ; ils les exhortaient, et les accablaient de reproches. Plusieurs reprenaient courage. Les vieux et les vieilles arrivaient bras dessus bras dessous pour voir la grande salle de la mairie ; les soleils de sabres, les poignards et les petits drapeaux tricolores entre les fenêtres excitaient l'admiration universelle.

Alors tout change ; on se rappelle que c'est mardi gras ; les demoiselles se dépêchent de tirer leurs jupes de l'armoire et de cirer leurs petits souliers.

A dix heures, la grande salle de la mairie était pleine de monde ; nous avions gagné la bataille : pas une demoiselle de Hunebourg ne manquait à l'appel. Les clarinettes, les trombones, la grosse caisse résonnaient, les hautes fenêtres brillaient dans la nuit, les valses tournaient comme des enragées, les contredanses allaient leur train ; les filles et les garçons étaient dans une jubilation inexprimable ; les vieilles grand-mères, bien assises contre les guirlandes, riaient de bon cœur. On se bousculait dans la buvette ; on ne pouvait pas servir assez de rafraîchissements, et le père Zimmer, qui avait la fourniture par adjudication, peut se vanter d'avoir fait ses choux gras en cette nuit.

Tout le long de l'escalier extérieur, on voyait descendre en trébuchant ceux qui s'étaient trop rafraîchis. Dehors, la neige tombait toujours.

L'oncle Tobie m'avait donné la clef de la maison, pour rentrer quand je voudrais. Jusqu'à deux heures je ne manquai pas une valse, mais alors j'en avais assez, les rafraîchissements me tournaient sur le cœur. Je sortis. Une fois dans la rue, je me sentis mieux et me mis à délibérer, pour savoir si je remonterais ou si j'irais me coucher. J'aurais bien voulu danser encore ; mais d'un autre côté j'avais sommeil.

Enfin je me décide à rentrer et je me mets en route pour la rue Saint-Sylvestre, le coude au mur, en me faisant toutes sortes de raisonnements à moi-même.

Depuis dix minutes, je m'avançais ainsi dans la nuit, et j'allais tourner au coin de la fontaine, quand, levant le nez par hasard, je vois derrière les arbres du rempart une lune rouge comme de la braise, qui s'avançait par les airs. Elle était encore à des milliers de lieues, mais elle allait si vite que dans un quart d'heure elle devait être sur nous.

Cette vue me bouleversa de fond en comble ; je sentis mes cheveux grésiller, et je me dis :

« C'est la comète ! Zacharias Piper avait raison ! » Et, sans savoir ce que je faisais, tout à coup je me remets à courir vers la mairie, je regrimpe l'escalier, en renversant ceux qui descendaient et criant d'une voix terrible :

— La comète ! La comète !

C'était le plus beau moment de la danse : la grosse caisse tonnait, les garçons frappaient du pied, levaient la jambe en tournant, les filles étaient rouges comme des coquelicots ; mais quand on entendit cette voix s'élever dans la salle : « La comète ! La comète ! » il se fit un profond silence, et les gens, tournant la tête, se virent tout pâles, les joues tirées et le nez pointu.

Le sergent Duchêne, s'élançant vers la porte, m'arrêta et me mit la main sur la bouche, en disant :

— Est-ce que vous êtes fou ? Voulez-vous bien vous taire !

Mais moi, me renversant en arrière, je ne cessais de répéter d'un ton de désespoir : « La comète ! » Et l'on entendait déjà les pas rouler sur l'escalier comme un tonnerre, les gens se précipiter dehors, les femmes gémir, enfin un tumulte épouvantable.

Quelques vieilles, séduites par le mardi gras, levaient les

mains au ciel, en bégayant : « Jésus ! Maria ! Joseph ! » En quelques secondes la salle fut vide. Duchêne me laissa ; et, penché au bord d'une fenêtre, je regardai, tout épuisé, les gens qui remontaient la rue en courant ; puis je m'en allai, comme fou de désespoir.

En passant par la buvette, je vis la cantinière Catherine Lagoutte avec le caporal Bouquet, qui buvaient le fond d'un bol de punch :

— Puisque c'est fini, disaient-ils, que ça finisse bien !

Au-dessous, dans l'escalier, un grand nombre étaient assis sur les marches et se confessaient entre eux ; l'un disait : « J'ai fait l'usure ! » l'autre : « J'ai vendu à faux poids ! » l'autre : « J'ai trompé au jeu ! » Tous parlaient à la fois, et de temps en temps ils s'interrompaient pour crier ensemble : « Seigneur, ayez pitié de nous ! ».

Je reconnus là le vieux boulanger Fèvre et la mère Lauritz ils se frappaient la poitrine comme des malheureux. Mais toutes ces choses ne m'intéressaient pas ; j'avais assez de péchés pour mon propre compte.

Bientôt j'eus rattrapé ceux qui couraient vers la fontaine. C'est là qu'il fallait entendre les gémissements ; tous reconnaissaient la comète ; moi je trouvai qu'elle avait déjà grossi du double : elle jetait des éclairs ; la profondeur des ténèbres la faisait paraître rouge comme du sang !

La foule, debout dans l'ombre, ne cessait de répéter d'un ton lamentable :

— C'est fini, c'est fini ! Ô mon Dieu ! c'est fini ! nous sommes perdus !

Et les femmes invoquaient saint Joseph, saint Christophe, saint Nicolas, enfin tous les saints du calendrier.

Dans ce moment, je revis aussi tous mes péchés depuis l'âge de la raison, et je me fis horreur à moi-même. J'avais froid sous la langue, en pensant que nous allions être brûlés ; et comme le vieux mendiant Balthazar se tenait près de moi sur sa béquille, je l'embrassai en lui disant :

— Balthazar, quand vous serez dans le sein d'Abraham, vous aurez pitié de moi, n'est-ce pas ?

Alors lui, en sanglotant, me répondit :

— Je suis un grand pécheur, monsieur Christian ; depuis trente ans je trompe la commune par amour de la paresse, car je ne suis pas aussi boiteux qu'on pense.

— Et moi, Balthazar, lui dis-je, je suis le plus grand criminel de Hunebourg.

Nous pleurions dans les bras l'un de l'autre.

Voilà pourtant comment seront les gens au jugement dernier : les rois avec les cireurs de bottes, les bourgeois avec les va-nu-pieds. Ils n'auront plus honte l'un de l'autre ; ils s'appelleront frères ! et celui qui sera bien rasé, ne craindra pas d'embrasser celui qui laisse pousser sa barbe pleine de crasse parce que le feu purifie tout, et que la peur d'être brûlé vous rend le cœur tendre.

Oh ! sans l'enfer, on ne verrait pas tant de bons chrétiens ; c'est ce qu'il y a de plus beau dans notre sainte religion.

Enfin, nous étions tous là depuis un quart d'heure, à genoux, lorsque le sergent Duchêne arriva tout essoufflé. Il avait d'abord couru vers l'arsenal, et, ne voyant rien là-bas, il revenait par la rue des Capucins.

— Eh bien ! fit-il, qu'est-ce que vous avez donc à crier ?

Puis, apercevant la comète :

— Mille tonnerres ! s'écria-t-il, qu'est-ce que c'est que ça ?

— C'est la fin du monde, sergent, dit Balthazar.

— La fin du monde ?

— Oui, la comète.

Alors il se mit à jurer comme un damné, criant :

— Encore si l'adjudant de place était là... on pourrait connaître la consigne !

Puis, tout à coup, tirant son sabre et se glissant contre le mur, il dit :

— En avant ! Je m'en moque, il faut pousser une reconnaissance.

Tout le monde admirait son courage, et moi-même, entraîné par son audace, je me mis derrière lui. Nous marchions doucement, doucement, les yeux écarquillés, regardant la comète qui grandissait à vue d'œil, en faisant des milliards de lieues chaque seconde.

Enfin, nous arrivâmes au coin du vieux couvent des capucins. La comète avait l'air de monter ; plus nous avancions, plus elle montait ; nous étions forcés de lever la tête, de sorte que finalement Duchêne avait le cou plié, regardant tout droit en l'air. Moi, vingt pas plus loin, je voyais la comète un peu de côté. Je me demandais s'il était prudent d'avancer encore, lorsque le sergent s'arrêta.

— Sacrebleu ! fit-il à voix basse, c'est le réverbère.

— Le réverbère ! dis-je en m'approchant, est-ce possible !

Et je regardai tout ébahi.

En effet, c'était le vieux réverbère du couvent des capucins.

On ne l'allume jamais, par la raison que les capucins sont partis depuis 1792, et qu'à Hunebourg tout le monde se couche avec les poules ; mais le veilleur de nuit Burrhus, prévoyant qu'il y aurait ce soir-là beaucoup d'ivrognes, avait eu l'idée charitable d'y mettre une chandelle, afin d'empêcher les gens de rouler dans le fossé qui longe l'ancien cloître ; puis il était allé dormir à côté de sa femme.

Nous distinguions très bien les branches de la lanterne. Le lumignon était gros comme le pouce ; quand le vent soufflait un peu, ce lumignon s'allumait et jetait des éclairs, voilà ce qui le faisait marcher comme une comète.

Moi, voyant cela, j'allais crier pour avertir les autres, quand le sergent me dit :

— Voulez-vous bien vous taire ! si l'on savait que nous avons chargé sur une lanterne, on se moquerait de nous. Attention !

Il décrocha la chaîne toute rouillée : le réverbère tomba, produisant un grand bruit. Après quoi nous partîmes en courant.

Les autres attendirent encore longtemps ; mais comme la comète était éteinte, ils finirent aussi par reprendre courage et allèrent se coucher.

Le lendemain, le bruit courut que c'était à cause des prières de Maria Finck que la comète s'était éteinte ; aussi, depuis ce jour, elle est plus sainte que jamais.

Voilà comment les choses se passent dans la bonne petite ville de Hunebourg !

Sainte Odile

Au temps du roi de France Childeric II, vers 666, d'autres disent vers 670, l'Alsace fut élevée au rang de duché. Le premier duc d'Alsace fut Adalric, communément appelé Attich (Etticho, dans des documents anciens). Il était Austrasien.

Sous son autorité furent placés le Sundgau, le Brisgau, plus une partie de la Souabe et la Suisse.

A Marlenheim et à Kirchheim s'élevaient les châteaux où les rois d'Austrasie avaient accoutumé de tenir leur habitat et leurs assises de justice.

Adalrich, ou Attich, fixa non très loin de là sa résidence, à Obernai.

Il avait épousé Béreswinde qui, d'après certains chroniqueurs, n'était autre que la belle-sœur de Childéric. Attich vivait avec elle tantôt dans sa forteresse de Hohenburg (Altitona), sise sur une montagne d'où l'œil embrasse une telle surface de plaines, à l'infini, que l'on croit voir le monde entier.

Le peuple appelait ce lieu, jadis, Hohe Tonne, et c'est là, d'après l'*Historia Lombardica*, que l'empereur Maximianus avait construit sa demeure pour se défendre contre ses ennemis.

Les deux époux souhaitaient un héritier, Attich, pour lui céder ses biens et ses honneurs, Béreswinde, pieuse femme, pour l'élever dans la crainte du Seigneur.

Or, Attich était encore païen.

Un jour, il revenait de la chasse. On lui dit qu'un enfant venait de lui naître. C'était une fille ; elle était aveugle.

Quand le père sut cela, il entra en grande colère et voulut faire tuer l'enfant. Les païens croyaient que la naissance d'un enfant aveugle était une preuve de la malédiction des dieux. Il s'écria :

— Aucun de ma race n'a encore subi une honte pareille !

Béreswinde répondit :

— Seigneur, ne sais-tu pas que le Christ a dit d'un aveugle-né : « Celui-ci est né aveugle non par la faute de ses parents, mais pour que la puissance de Dieu se manifeste par lui ?». Mais il ne se calmait pas, croisant les bras, frappant le sol du pied ; et il ne songeait qu'à faire mourir l'enfant.

Il redit encore une fois à sa femme :

— Fais tout pour que je ne voie plus l'enfant ! sinon je n'aurai plus de plaisir au monde.

La pauvre mère appelle sa servante, qui venait de mettre aussi un enfant au monde.

— Voici ma fille Odile qui est aveugle, et son père veut la faire mourir. Comment la sauver ?

La servante lui répond :

— Ne vous affligez pas, car Dieu peut lui donner la vue aussi facilement qu'il l'a privée de voir la lumière.

Elle prend Odile dans son tablier et la porte à Scherwiller, près Sélestat. Elle dit à son enfant : « Il faut partager ta nourriture avec Odile. » Il eut le sein gauche, Odile le sein droit.

Restée seule, Béreswinde pleure abondamment, mais sa tristesse ne tue pas la prudence dans son cœur. Elle craignait qu'Attich découvrît le lieu où l'enfant se trouvait cachée, et elle envoya un messager qui porta Odile au couvent de Baume-les-Dames où était abbesse une de ses sœurs.

En ce temps-là, il y avait à Ratisbonne de Bavière un évêque fort saint homme, du nom d'Erhardus. Il reçut avis du ciel d'avoir à se mettre en route et de traverser le Rhin, et de se rendre au couvent de Baume-les-Dames où lui serait montrée une petite fille aveugle, appelée Odile. Il devait la baptiser, et l'eau sainte donnerait la lumière aux yeux fermés de l'enfant.

Il partit, en compagnie de son frère Hidulf, qui avait renoncé au siège épiscopal de Trèves pour vivre en un monastère.

Il baptisa l'enfant, qui ouvrit les yeux et sourit au messager du Seigneur, qui fut la première créature qu'elle vit en ce monde.

Erhardus lui dit : « Ma chère fille, j'espère que nous nous verrons ainsi dans la vie éternelle.» L'évêque dit alors à l'abbesse et aux religieuses comment tout cela lui avait été annoncé par le ciel. Puis il repartit et retourna dans son pays.

Rentré chez lui, il prit une grande feuille de papier blanc, et se mit à écrire au duc d'Alsace ce qu'il avait fait et vu, bien soigneusement, de sa plus belle écriture. Mais le duc ne lui répondit pas.

Odile grandit et devint une jeune fille aussi belle que pieuse, s'appliquait à toutes les vertus, dédaignait toutes les vanités : quoiqu'elle sût qu'elle était fille d'un prince puissant, ne voulait que servir celui à qui elle devait la lumière.

Elle apprit qu'elle avait un frère du nom de Hugues, né un an après elle, et qui jouissait de toutes les faveurs de son père. Et elle lui écrivit une lettre où elle disait qu'elle aurait bien du bonheur si elle voyait son père seulement une fois.

Hugues se présente devant Attich :

— Gracieux père, je désire que tu veuilles écouter une prière de ton fils.

— Est-ce une demande juste ? répond le duc.

C'est une grande prière, car je demande le retour de ma sœur qui subit un injuste exil.

Attich entra en fureur et lui imposa silence. Mais Hugues avait grande pitié de sa sœur, et il lui envoya en secret un chariot de voyage, chargé de tout ce qui était nécessaire.

Or, un jour que le duc était avec son fils et sa suite sur la terrasse de Hohenburg, il vit un beau char qui s'avançait sur la route d'accès du château.

Il demanda qui pouvait venir en si bel équipage. A quoi Hugues répondit que c'était sa sœur Odile.

— Qui est le fou criminel qui l'a fait venir sans mon ordre ?

s'écria Attich.

— Seigneur, répondit Hugues, moi ton fils et ton serviteur, j'ai trouvé impossible qu'elle vécût en une telle pauvreté, et par pitié, je l'ai fait venir ici. Je demande ton pardon !

Ce disant, il s'agenouilla, mais le père, ne pouvant dominer sa fureur, leva son bâton ferré et à plusieurs reprises, avec rudesse et force cris, il l'assena sur la tête du jeune homme, dont la cervelle éclaboussa les assistants.

Alors, le duc d'Alsace, Attich, qui avait voulu faire tuer sa fille, et qui venait de tuer son fils, se mit à trembler, à gémir, et à implorer ses dieux, pour qu'ils rendissent la vie au jeune homme étendu à ses pieds. Mais il adressait ses lamentations à des dieux qui n'existent pas. Il fallut enterrer son fils.

Loin de reporter l'affection qu'il avait pour ce fils sur sa fille Odile, il se répandit contre elle en invectives, disant que si elle était restée à Baume-les-Dames, tout cela ne fût pas arrivé. Il résolut de la chasser, mais songeant que tout le monde à présent connaissait qu'Odile était sa fille, il craignit dans son orgueil qu'on sût qu'il la laissait en grande pauvreté, loin du toit de sa famille. Il ordonna qu'elle fût enfermée dans une salle écartée du château de Hohenburg, et qu'on lui donnât juste pour subsister.

Elle remercia son père et se contenta de son sort malheureux.

En ce temps-là, mourut la nourrice qui l'avait prise dans son tablier et portée à Scherwiller. Elle creusa le sol de ses mains, et enterra elle-même sa nourrice.

Trente ans plus tard, on voulut enterrer à cette place un autre corps. Celui de la nourrice était en poussière, mais le sein droit qui avait allaité Odile était intact.

Dans tout le pays, on parlait de l'éclat de la cour d'Attich, de la beauté et de la bonté de sa fille.

Arrivèrent des hommes considérables pour demander la main d'une si noble princesse. Attich et ses courtisans la pressèrent de se marier, mais elle ne voulait pas renoncer à son vœu de servir Dieu et le fiancé de son âme, son Sauveur et Rédempteur, Jésus-Christ.

Cela déchaîna de nouveau la colère de son père contre elle ; et il voulut, par violence, la forcer d'épouser un riche et puissant prince venu d'Allemagne.

Comme son père s'obstinait, elle sortit un soir du château par une petite porte, descendit dans la vallée, déposa ses riches vêtements et les échangea contre ceux des pèlerins pauvres. Elle courut à pied jusqu'au Rhin que lui fit franchir un batelier. Quand elle eut pris pied sur la rive opposée, elle s'enfuit vers la Forêt-Noire.

Mais le duc Attich, s'étant aperçu de l'évasion de sa fille, fit seller tous les chevaux de ses écuries et, avec le prince prétendant à la main d'Odile, il poursuivit la fugitive. Et une foule de soldats, de courtisans, de valets, de chiens jappants, suivait.

Il franchit le Rhin et entra dans la Forêt-Noire. Par des espions répandus partout, il sut le chemin qu'elle avait pris. Grâce à la vitesse des chevaux, la troupe l'eut bientôt rattrapée.

La sainte enfant, fatiguée d'une marche difficile dans un pays inconnu, s'était assise un instant pour prendre quelque repos.

Elle entendit le galop des chevaux qui s'approchaient, et le cliquetis des armes de ses persécuteurs. Elle se releva et tenta de prendre sa course pour chercher un refuge au haut de la montagne. Mais ses forces la trahirent et elle s'affaissa devant un grand rocher, au moment ou surgissaient le duc Attich et sa troupe.

Elle implora le Seigneur de lui venir en aide. Alors, le rocher se fendit en deux, avec fracas, s'ouvrit comme deux battants d'une porte immense, la laissa entrer et se referma sur elle.

Frappé par ce miracle, le duc appela sa fille, lui promit de la laisser vivre selon sa sainte vocation, et congédia le prince prétendant. Le rocher s'ouvrit à nouveau et Odile, dans l'éclat de son innocence et de sa sainteté, apparut aux yeux de la foule des cavaliers muets d'admiration.

A dater de ce jour, la caverne formée par le rocher ouvert fit jaillir une source limpide qui se répandit dans la vallée. Aujourd'hui encore, cette eau possède de grandes vertus pour guérir les yeux malades. Au-dessus de la source, une chapelle s'élève, consacrée à la sainte. Elle appartient à la ville de Fribourg-en-Brisgau. Elle reçoit les visites fréquentes des fidèles, ainsi que des amis de la solitude et de la belle nature.

Revenu sur ses biens, le duc Attich donna à sa fille le château de Hohenburg et toutes sommes d'argent nécessaires pour fonder un couvent, dont elle fut la première abbesse. En quelques années, le nombre des chanoinesses attirées par la piété et la sagesse d'Odile s'éleva à cent trente.

Or, Attich vint à mourir, et Odile connut en esprit que son père souffrait mille peines en Purgatoire, pour tous les péchés dont il s'était rendu coupable sur la terre. Alors, elle ne cessa de prier pour le salut de son père. Elle pria durant de longues années.

Un jour, elle aperçut une grande lueur, et elle entendit une voix qui lui disait, du haut du ciel : « Odile, ma fille, le Dieu tout-puissant a exaucé tes prières, et les anges viennent de porter en Paradis l'âme de ton père.»

Elle versa des larmes abondantes, tant était grande sa reconnaissance envers Dieu.

La chapelle, dans le jardin du couvent, où nuit et jour priait Odile pour l'âme de son père, s'appelle aujourd'hui la chapelle des larmes. Devant l'autel, deux trous sont creusés dans une pierre. Ce sont les traces des genoux d'Odile.

Elle donnait de grands exemples de mortification. Sa nourriture était du pain d'orge ; son lit était une peau d'ours ; et elle reposait sa tête sur une pigne dure.

Le nombre de pèlerins augmentait chaque jour ; et beaucoup de malades se traînaient jusqu'au couvent pour implorer Odile. Car on vantait fort son pouvoir miraculeux.

Dans un vallon, du côté de Saint-Nabor, elle fit bâtir un hospice destiné aux infirmes pour qui l'ascension de la montagne eût été trop pénible.

En ce temps, sa pieuse mère Béreswinde vivait encore. Elle possédait des biens et des revenus tout autour d'un village qu'on appelait Bersa ou Berse, abréviation de son nom Béreswinde.

C'est Bœrsch, aujourd'hui.

Près de l'hospice, fut bâtie la chapelle Saint-Nicolas, consacrée par saint Léodogar en personne, qui était l'oncle d'Odile.

Le nombre des religieuses augmentant toujours, avec la prospérité du couvent, Odile fonda près de l'hospice de Saint-Nabor un deuxième couvent qu'elle appela Niederhohenburg, ou Niedermünster. Elle garda l'autorité sur toutes ses fondations.

Un jour, un homme vint à elle, qui lui apportait trois rameaux d'un tilleul. Il lui conseilla de les planter devant son couvent, lui disant que, grâce à eux, les hommes se souviendraient d'elle. Elle fit creuser trois trous et planta les rameaux de sa propre main : le premier au nom du Père, le deuxième au nom du Fils, le troisième pour le Saint-Esprit. Les trois rameaux ont donné trois puissants tilleuls que l'on voit encore aujourd'hui.

Odile s'entretenait avec les âmes des bienheureux.

Une nuit, elle vit saint Jean-Baptiste, pour qui elle avait une grande dévotion : il était tel qu'au jour où il baptisa Jésus-Christ, vêtu d'une peau de mouton.

Une fois, une servante vint lui dire qu'il n'y avait plus assez de vin à la cave, pour satisfaire les pèlerins. Elle répondit : « Le Dieu qui a nourri cinq mille hommes avec cinq pains et cinq poissons pourra bien nous abreuver tous avec le vin qui nous reste. Va prier dans l'église : cherchez d'abord le royaume de Dieu, et vous ne manquerez pas des choses temporelles qui vous sont nécessaires.»

Au moment de servir le repas, la servante trouva plein le tonneau qu'elle avait laissé presque vide.

Un autre jour, pendant la construction de l'église, quatre beaux bœufs, avec un chariot de pierres, tombèrent dans le précipice d'une profondeur de plus de soixante-dix pieds. Mais grâce à la prière de sainte Odile, les bœufs ne furent pas blessés, ni le chariot brisé, et moins d'une heure après, les bonnes bêtes amenaient les pierres devant l'église en construction.

Une fois, elle descendait de Hohenburg à Niedermünster. Elle rencontra un misérable pèlerin, étendu sur le chemin, mourant de soif. Se souvenant du rocher qui l'avait préservée de son père et où une source abondante avait jailli, elle avisa un rocher au bord de la route, et lui dit : « Pierre, dure pierre, aie pitié de ce pauvre homme, et donne-lui à boire.» Alors, une source se mit à murmurer ; le pèlerin se désaltéra et revint à la vie.

Plus tard, une croix de pierre fut élevée au-dessus de cette source, dont l'eau miraculeuse est recueillie dans une vasque abritée par une petite chapelle. Les fidèles y disent des prières, s'y lavent les yeux, et remplissent leurs gourdes.

L'eau de cette source non seulement guérit les aveugles, mais empêche les yeux sains de s'abîmer.

Quand elle sentit que sa dernière heure approchait, elle se rendit à la chapelle Saint-Jean, convoqua toutes les religieuses, leur recommandant de toujours obéir à Dieu, de vivre selon Sa haute volonté, et aussi de prier pour les âmes de ses ancêtres.

Puis elle dit aux religieuses d'aller dans une autre chapelle pour réciter les psaumes. Elle voulut mourir seule, parce que Jésus-Christ, abandonné de ses disciples, mourut seul Quand son âme bienheureuse eut quitté son corps, pour monter vers les joies éternelles, l'air fut rempli d'un doux parfum qui se répandit dans les vallées et dans la plaine. Les religieuses perçurent cette douce odeur, et comprenant que leur abbesse n'était plus vivante, elles revinrent dans la chapelle Saint-Jean, et la trouvèrent non pas allongée, mais agenouillée.

Alors les religieuses se lamentèrent, parce que leur mère était morte sans les sacrements derniers. Et elles ont supplié Dieu qu'il ordonnât à ses anges de ramener cette sainte âme dans ce corps mort. Et Odile revint à la vie.

Elle dit : « Mes chères sœurs, pourquoi m'avoir arrachée au bienheureux séjour et à la société de sainte Lucie, pour me ramener dans ce misérable corps ?». Elle se fit apporter un calice, avec le Saint-Sacrement qu'elle s'administra elle-même.

Derechef, son âme s'envola vers le ciel.

Longtemps on a conservé dans la chapelle ce calice qui, d'après certains chroniqueurs, fut apporté à l'abbesse mourante par un ange.

Odile fut ensevelie dans la chapelle de Saint-Jean, peu après l'an 720.

On la fête le 13 décembre.

Cathédrale de Strasbourg

PROSPER BAUR

La légende de l'horloge

En l'an de grâce 1439, toute la ville de Strasbourg était en liesse pour fêter l'inauguration de ce superbe monument qu'on appelle la cathédrale. Pendant près d'un siècle, plus de cent mille personnes, mues par un sentiment de piété, y avaient mis la main, se contentant d'un petit salaire fourni par la charité des fidèles.

Cet édifice excitait à bon droit une profonde admiration tant par la hardiesse de son entreprise que par la force de sa conception.

Aussi le comptait-on parmi les sept merveilles de l'Allemagne, ainsi que l'atteste l'inscription tracée au-dessus de la porte de la bibliothèque métropolitaine de Mayence : « Septen Germaniae spectamina ; turris argentinensis, Chorus coloniensis, organum ulmiense, etc. »

Rien n'est comparable en effet comme architecture gothique à la tour de la cathédrale ; cette magnifique pyramide, découpée à jour comme une dentelle, est un chef-d'œuvre par son élévation prodigieuse, sa forme élégante, la justesse de ses proportions, et la finesse de son travail. Tout attire, surprend et confond.

Je ne m'étendrai pas plus longuement sur la description de ce monument, témoignage frappant de la puissance religieuse ; ce volume entier ne suffirait pas, s'il me fallait parler de toutes les curiosités qu'il renferme et de tous les faits historiques qui s'y rattachent. Je craindrais en outre, ce sujet ayant déjà été traité par tant d'écrivains différents, de tomber dans des redites. Après avoir donc payé en passant un juste tribut d'admiration à ce chef-d'œuvre, que nous ne saurions trop regretter, je reviens à ma légende.

Pendant que les cloches sonnaient à toute volée et que la population endimanchée, semblable à une mer houleuse, se pressait devant le grand portail, désireuse d'assister à la bénédiction donnée par le vénérable archevêque Guillaume de Dietsch, un homme à la figure pâle et fatiguée était accoudé à une petite lucarne d'une des vieilles maisons qui bordaient la place du Dôme. Son visage, jeune encore, exprimait plus que la tristesse, le découragement, ses yeux brillaient d'un feu sombre. Pourquoi donc ne prenait-il pas, comme les autres, part à la joie commune ?

Pourquoi ne mêlait-il pas ses vivats aux cris d'allégresse de la populace ? Depuis bien longtemps déjà, il n'y avait plus pour lui ni joie ni plaisirs. Il avait passé sa vie dans le travail opiniâtre sans résultat, cherché l'inconnu sans solution, et à présent à bout de forces, il en était arrivé à se dire « Science, tu n'es qu'un vain mot ». Il crispait ses poings et sanglotait, se retenant pour ne pas vomir un torrent d'imprécations sur la foule inconsciente qui grouillait à ses pieds. « Oh ! race maudite ! disait-il en se parlant lui-même, je te méprise ; je t'exècre. A tous les efforts que j'ai tentés, tu as répondu par l'indifférence ; tu m'as toujours repoussé comme un fou et rejeté comme un paria. J'ai lutté des années pour savoir, pour approfondir ; j'ai souffert sans me plaindre, et maintenant que je sais et que je suis capable de produire, tu me traites d'insensé. Ce que je te propose est à tes yeux ou impossible, ou le résultat d'un sortilège ; tu ne veux pas m'écouter. Mes forces sont anéanties ; je ne veux plus lutter, et puisque tu n'as pas voulu de moi, demain, las de vivre, je n'aurai plus besoin de toi. »

Pendant que ce malheureux monologuait ainsi, la foule s'écoulait lentement ; le silence de la nuit avait peu à peu succédé aux clameurs du jour. Le crieur, du haut de la tour, venait d'annoncer avec sa trompe l'extinction des feux : l'heure du sommeil avait sonné pour la grande cité.

On n'entendait plus que les pas cadencés du guet faisant sa ronde par les rues. Tout à coup, un homme coiffé d'un large capuchon de drap écarlate parut devant la façade de la cathédrale :

Il se croisa les bras et resta comme pétrifié à la place qu'il avait choisie. A ce moment, la lune, sortant de dessous les nuages, vint éclairer de ses rayons la figure sombre de l'inconnu. C'était l'homme de la lucarne.

« Ainsi cette basilique traversera les siècles, pendant que mon corps pourrira sous terre, et que mon nom s'envolera au vent. Ah ! s'ils m'avaient compris ? comme c'eût été chose facile pour moi d'attacher mon nom à ce superbe édifice, de le graver dans la pierre. C'était la gloire, l'immortalité. »

Ainsi parlait l'homme au capuchon rouge, et la nuit s'avançait, et il restait immobile, comme une statue sur son socle.

— Holà ? s'écria tout à coup le sergent du guet. Que fais-tu là à cette heure ? Ne sais-tu pas que le couvre-feu a sonné et que nul être ne vagabonde à travers rues et carrefours, si ce n'est truands, larrons ou esprits diaboliques.

Et incontinent, l'homme est conduit en prison. Le lendemain, on l'amène devant le stettmeister.

— Ton nom, lui demanda ce dernier.

— On me nomme Jehan Boernave.

— Que faisais-tu sur la place, à une heure aussi avancée ?

— Je rêvais une œuvre en l'honneur de Dieu.

— Quelle œuvre ?

— Jusqu'à présent j'ai été méconnu, et cependant je me sens capable de grandes choses. Mesurer par une combinaison mécanique la marche du soleil, celle de la lune et des planètes, tel serait mon plan. En vous le soumettant, je tente un dernier effort, car je suis las de vivre misérable et persécuté.

— Comment appelles-tu ton œuvre ?

— Une horloge.

— Son but ?

— Je veux qu'elle apprenne à l'homme sa destinée et qu'elle lui rappelle les pas qu'il fait vers la tombe.

— Eh bien ! que ton vœu soit exaucé, maître Jehan. J'accepte ta proposition, tu vas commencer à l'instant. Si tu réussis, c'est la gloire, sinon la mort. Veux-tu de l'or ?

— L'or ne paye pas la science ; je ne demande qu'une seule faveur, je l'exige même ; je veux que mon nom soit gravé sur une table d'airain, au milieu du grand frontail de la cathédrale.

— Il sera gravé.

Le lendemain, Jehan Boernave était à l'ouvrage, et cinq années se passèrent sans qu'il quittât son travail. Enfin, un beau matin, il va trouver l'ammeister et lui dit : « L'horloge est prête. » On fixa un jour solennel pour l'inauguration. Le magistrat voulut y assister lui-même en personne. A l'heure dite, en présence d'une population ébahie, l'ingénieux mécanisme est mis en mouvement. L'on vit venir les trois mages s'incliner devant la Vierge, pendant que la Mort frappait l'heure sur un timbre en renversant son sablier ; l'on entendit chanter le coq, pendant que le Christ bénissait ses apôtres et que les anges faisaient entendre une musique céleste...

Alors les différentes corporations de la ville vinrent prendre maître Jehan pour le conduire à un banquet splendide. Sa marche fut un véritable triomphe. Après le repas, de nombreux toasts furent portés et, sous l'empire du vin de Hongrie, notre héros prit la parole et, s'adressant à ses amphitryons, il eut l'imprudence de leur dire : « Vous me demandez, mes maîtres, s'il existe sous le soleil un mathématicien capable d'exécuter un travail plus merveilleux que celui que je viens de terminer ? Il en est un seul sur terre.

— Où donc est-il ?

— Devant vous. »

Aveu fatal. Aussitôt il se fit dans l'opinion une de ces révolutions soudaines qui changent l'admiration en courroux et la bienveillance en haine.

Un astrologue de Mayence, grand ennemi de Jehan, dévoré par la jalousie de sa gloire, sut habilement en profiter. « Faites bien attention, dit-il, en s'adressant à la foule ; cet étranger, que nous avons comblé de largesses, se rira de nous. Avant peu il ira à Cologne, à Trèves ou ailleurs, et construira une horloge bien supérieure à la nôtre. C'est un magicien, un sorcier, un damné ; il entretient commerce avec les esprits infernaux. »

Dans les têtes du Moyen Age, de pareilles idées ne fermentent pas longtemps sans demander une victime. Le lendemain, après un éclatant triomphe, Jehan Boernave était aveugle. L'envie, la lâche calomnie, la férocité des mœurs incandescentes de l'époque lui avaient crevé les yeux.

L'horloge mystérieuse, la table d'airain furent brisées par le peuple, et l'on n'entendit plus parler de Jehan.

Ainsi, cette soif immense de gloire aboutit pour le malheureux à un chef-d'œuvre, à un supplice et à l'oubli. Sic transit gloria mundi.

Depuis, un astronome du nom de Dasipodirès a recueilli quelques débris de l'horloge primitive et a construit une nouvelle machine fort curieuse et fort compliquée, qui existe encore de nos jours.

PROSPER BAUR

La légende du Bailli

Par une belle soirée de printemps, le bailli Ledermann était assis dans son jardin, humant l'air embaumé des fleurs et tirant de larges bouffées de sa longue pipe en porcelaine. Il avait bien soupé, un air de béatitude se reflétait sur sa face rubiconde et contrastait avec la mine piteuse et renfrognée de son secrétaire intime, Hem Hosenpeitel, qui, debout devant lui, attendait ses ordres au sujet d'un pauvre diable de bohémien qu'on avait arrêté dans la journée en flagrant délit de vol d'une paire de poulets.

« Qu'on le pende. » Telle avait été sa réponse péremptoire, aussitôt qu'il avait connu le cas. Notre homme, en effet, ne se souciait pas d'être dérangé plus longtemps pour un misérable de cette espèce. Cependant le secrétaire ne bougeait pas.

— Eh bien, drôle ! reprit le bailli, dont la figure commençait à s'assombrir, qu'attends-tu ? Que ne vas-tu exécuter ma sentence ? Tu as donc juré de troubler éternellement ma sieste ?

— C'est que, objecta timidement le secrétaire, j'ai une demande à vous faire. Le bohémien que vous venez de

Strasbourg

condamner désire vous parler ; il affirme que votre intérêt est en jeu, et que vous n'aurez pas à regretter de l'avoir entendu.

— Qu'on l'amène, et souviens-toi, Hosenpeitel, que si tu m'as dérangé en vain, tes épaules te cuiront.

Martin Bâton était effectivement un des arguments dont se servait cet excellent bailli à l'égard de ses subalternes. Un instant après le bohémien est amené.

— Seigneur, dit-il en se prosternant devant son juge, vous m'avez condamné à être pendu : mon méfait cependant n'était pas grave. Quand on a faim, on ne raisonne pas. J'avoue que la vie que je mène n'a rien d'attrayant. Repoussé de toutes part, moi et les miens, nous voyageons sans cesse, comme le Juif errant, allant de bourgade en bourgade, disant la bonne aventure, en échange d'un morceau de pain ou d'une pièce de monnaie. Malgré toutes ces misères, j'ai le tort de tenir à la vie, et si vous voulez bien m'accorder la liberté, je vous offrirai en échange un talisman d'une grande valeur.

A ces mots, Ledermann dressa l'oreille. Comme toutes les personnes de son époque, il était superstitieux et avait une foi aveugle dans le surnaturel.

Un talisman ! Quelle aubaine ! Et c'est un malheureux qu'il allait faire pendre qui venait satisfaire le plus ardent de ses désirs.

Mais si c'était une ruse !

— Et quel est ce talisman, dit-il d'un air indifférent, en s'adressant au bohémien.

— C'est une poudre qui, à l'aide d'une seule parole prononcée par celui qui en prend une petite dose, a le don de le transformer en toute espèce d'animal de la création, selon son désir, et lui donne en même temps la faculté de comprendre le langage de toutes les bêtes.

— Alors que ne t'en sers-tu toi-même ?

— Parce que, seigneur, je ne sais pas lire ; le mot à prononcer étant indispensable pour que le charme opère, je n'ai jamais pu le déchiffrer sur le petit parchemin où il est inscrit.

Le bailli était désarmé. En un instant le marché fut conclu. Le pauvre diable était libre d'aller se faire pendre ailleurs en échange de sa poudre et de son parchemin.

— Je vous ferai observer, dit-il en s'en allant, que notre grand-chef, de qui je tiens ce talisman, m'a souvent répété qu'il ne fallait pas oublier de reprononcer le mot magique quand on désirait faire cesser le charme et qu'on devait surtout se garder de rire pendant la transformation, sinon on risquait fort de rester toujours ce qu'on avait désiré n'être qu'un instant.

Aussitôt après le départ du bohémien, notre magistrat et son secrétaire allèrent s'enfermer dans la bibliothèque du bailliage, afin de découvrir le fameux mot. Après bien des tâtonnements et des recherches dans de vieux manuscrits, ils finirent, en comparant les caractères, par lire ce mot latin : Mutabor. Ce qui signifiait : Que je sois transformé. Séance tenante, le bailli, qui ne possédait plus de joie, voulut voir opérer le charme. Seulement c'était sur son fidèle serviteur qu'il voulait commencer l'expérience. Lui faire prendre la poudre en le priant de demander à être changé en perroquet, après avoir crié : Mutabor, tout cela fut l'affaire d'un instant ; et, à sa grande satisfaction, le talisman produisit son effet. Plus de secrétaire, mais un magnifique perroquet vert et rouge qui vint se percher familièrement sur son épaule en babillant et en l'appelant « vieux fripon ». Ledermann était heureux : le bohémien ne l'avait pas trompé. Après que le mot magique eut été prononcé à nouveau, le perroquet disparut, et Hosenpeitel se retrouva à ses côtés.

Ils étaient désormais liés l'un à l'autre par ce secret. Leur étonnement une fois calmé, ils se jurèrent réciproquement de ne révéler à âme qui vive ce qui venait de se passer et s'entendirent pour aller, dès le lendemain, faire un tour à la campagne, afin de mettre le talisman à contribution.

— Comme il est tard ; dit le bailli, allons nous coucher ; demain nous visiterons ensemble les forêts, les plaines et les rivières ; et nous saurons ce qui se dit parmi les animaux.

A peine le soleil commençait-il à dorer l'horizon que déjà nos deux compères étaient en route. Ils marchèrent bien longtemps sans rencontrer aucun être vivant. Enfin, ils arrivèrent à un étang sur les bords duquel ils aperçurent une cigogne. La cigogne longeait la rive du haut en bas, happant par-ci par-là une grenouille et faisant claquer son bec.

En même temps ils virent dans les airs une autre cigogne qui claquetait également et se dirigeait à tire-d'aile vers l'endroit où se trouvait la première.

— Je parie cent pistoles, dit le secrétaire, que ces deux échassiers tiennent ensemble, à distance, une conversation qui doit être des plus intéressantes. Si nous étions cigognes, nous comprendrions et ce serait curieux.

— Bien dit, riposta le bailli ; mais auparavant, je te recommande sérieusement de ne pas oublier le mot que nous avons à prononcer quand nous voudrons redevenir hommes, et pour l'amour de Dieu garde-toi de rire.

Pendant qu'ils causaient ainsi, la cigogne qui planait au-dessus de leurs têtes s'était laissée descendre lentement à terre. En même temps le bailli sortit de sa poche la boîte à poudre, aspira une bonne prise, en offrit une à son secrétaire et tous deux se mirent à crier à l'unisson : Mutabor. Soudain, voilà leurs jambes qui s'étirent et s'amincissent, leurs vêtements disparaissent, leurs bras deviennent des ailes, le cou sort des épaules et s'allonge d'une aune, le nez devient un long bec et leur corps se couvre de plumes.

— Vous avez un bien joli bec, dit le secrétaire en se tournant vers son compagnon après une longue pause de stupéfaction. Ma parole, je n'ai jamais rien vu de pareil dans ma vie. Votre Seigneurie a encore meilleure tournure sous la forme d'une cigogne que sous celle d'un bailli. Si vous le permettez, allons à présent nous mêler à nos camarades et écoutons leur bavardage, pour voir si nous comprenons le langage cigognais.

Arrivés près des deux cigognes, ils ne furent pas médiocrement étonnés d'entendre et de comprendre la conversation suivante :

— Bonjour, madame la Longue-Jambe, disait la dernière venue ; comme vous êtes matinale aujourd'hui.

— Hélas, ma chère Tête-d'Acier, répondit l'autre, j'ai passé une bien mauvaise nuit ! Tous mes enfants sont souffrants et, histoire de me distraire un peu, je viens leur chercher un déjeuner frugal. Si cela peut vous être agréable, je vous offrirai un quartier de serpent ou une cuisse de grenouille.

— Mille mercis, aujourd'hui je n'ai aucun appétit ; je viens à la prairie pour une tout autre raison. Je dois danser demain devant les hôtes de mon père et j'ai l'intention de m'exercer et d'étudier mes pas dans cette solitude.

A ces mots, la jeune cigogne se mit à courir à travers champs en sautillant et en prenant les poses les plus comiques, tantôt sur une jambe, tantôt battant des ailes, tantôt renversant son bec sur son dos.

Ledermann et Hosenpeitel, qui suivaient d'un regard attentif tous les exercices de cette jeune ballerine, ne purent conserver leur sérieux ; un éclat de rire strident et ininterrompu sortit de leur bec.

Le bailli fut le premier à reprendre son sérieux.

— Voilà une drôle d'histoire, dit-il, qu'on ne payerait pas avec de l'or. Quel dommage que notre hilarité ait effrayé ces deux sottes bêtes et les ait fait envoler, sans quoi certainement elles se seraient aussi mises à chanter. Mais qu'as-tu donc, Hosenpeitel ?

Pourquoi prendre subitement cet air soucieux ?

Le secrétaire venait de se souvenir qu'il leur était défendu de rire pendant la transformation.

Il communiqua ses appréhensions à son maître.

— Par ma part de paradis, ce serait une bien mauvaise farce si nous devions rester cigognes. Tâchez donc de vous rappeler le mot stupide qui doit nous rendre notre forme primitive, je ne puis plus arriver à le sortir de mon bec ; je sais qu'il commence par — Mu — mais le reste ne me revient pas.

— Mu — Mu — Mu, se mirent-ils à crier en chœur en agitant leurs ailes et leur bec ; mais ce fut tout ce qu'ils purent trouver.

Ils étaient décidément voués à l'état d'échassiers permanents.

Affreuse perspective. Ils ne riaient plus. Tristes et pensifs, ils se promenèrent quelque temps à travers la campagne, ne sachant que devenir ; puis, prenant leur vol, ils se décidèrent à regagner la ville. Ils espéraient trouver, au milieu de leurs anciens concitoyens, un remède à leur malheur.

Planant quelque temps au-dessus des maisons pour s'orienter, ils n'eurent pas de peine à reconnaître la maison du bailliage.

Enfin, les voilà postés tous deux sur une des cheminées. Du haut de cet observatoire, ils dominaient tous les alentours et plongeaient leurs regards mornes sur la place publique, où ils voyaient régner une agitation extraordinaire.

Toute la population était accourue à la nouvelle de la disparition du bailli et de son secrétaire. Chacun commentait cet événement à sa façon. On avait retrouvé leurs vêtements sur les bords d'un étang. Bien certainement ils s'étaient noyés. Pendant un instant, ce fut un brouhaha général.

Tous discutaient à la fois : un certain nombre parlaient déjà de nommer un nouveau bailli. Tout à coup nos deux échassiers, qui suivaient attentivement ce va-et-vient, reconnurent dans la foule le bohémien de la veille, celui qui leur avait donné le talisman. Lui aussi venait, tout heureux de sa liberté, se mêler aux badauds. Il n'avait pas été peu surpris d'apprendre la mort de maître Ledermann et de son secrétaire, et, mieux que personne, il aurait pu expliquer ce mystère.

— Ils auront ri, pendant la transformation, se disait-il in petto, et probablement ne reparaîtront jamais.

Pendant qu'il allait insouciemment d'un groupe à l'autre, les deux volatiles prenaient une grave résolution.

— Voilà, dit Hosenpeitel, notre coquin de bohémien qui jouit de notre malheur ; si nous nous vengions du tour qu'il nous a joué.

— Je le veux bien, répondit Ledermann, car notre position comme cigognes est désormais chose assurée. Il nous reste un toit pour demeure, une cheminée pour lit et deux yeux pour pleurer. Fais bien attention, je vais compter trois avec mon bec ; au coup de trois, nous nous précipitons sur ce maudit bohémien et nous l'éborgnons. Allons, tiens-toi prêt. Un, deux, trois.

Et voilà nos deux bêtes qui s'élancent d'un trait sur leur mystificateur. Malheureusement elles avaient compté sans son artifice. Le bohémien, qui était quelque peu sorcier, voyant de loin les deux oiseaux qui venaient sur lui, prononça une parole cabalistique qui fit tomber toute leur fureur : leur colère fit place à de l'hébétement, et c'est en claquant du bec qu'ils vinrent se poser tout doucement sur ses épaules. La foule stupéfaite cria au miracle. Le bohémien fut entouré et porté en triomphe. On le promena par toute la ville, et, à l'unanimité, on le nomma par acclamation bailli, comme s'il avait été désigné pour ce poste par un avertissement venu d'en haut.

Il exerça les fonctions de bailli pendant le restant de ses jours ; il se maria et vécut heureux et respecté car, tout bohémien qu'il était, il ne fut pas plus mauvais bailli que ceux qui l'avaient précédé et qui le suivirent.

Pendant bien des années, deux cigognes venaient à chaque printemps nicher tristement sur la maison du bailliage : c'étaient Ledermann et Hosenpeitel. Contrairement aux autres couples, ils n'avaient point de petits et vivaient isolés de leurs congénères, comme deux parias.

Voilà pourquoi, encore de nos jours, la ville de Düttlenheim porte dans ses armes deux têtes de cigogne entrecroisées sur champ d'azur.

Cette histoire, consignée dans les archives de la ville, a été l'objet des recherches de nombreux savants, qui, sous les apparences surnaturelles d'un conte, devinaient une page de l'histoire du pays.

La légende de Till

Till est le type du mauvais plaisant, du bouffon : c'est la personnification de la farce assaisonnée au gros sel ; il réunit l'imbécillité caustique et la naïveté rabelaisienne. On peut le placer sur le même plan que le baron de Crak, l'archimenteur, et le docteur Faust qui, à l'aide du diable, accomplit les choses les plus surprenantes. La tradition populaire l'a rendu immortel ; nos ancêtres ont ri de ses faits et gestes, nos enfants en riront ; ses réponses sont souvent marquées au coin du bon sens, ses mots ont quelquefois une portée philosophique. En somme, l'histoire de cette vie si vagabonde, si accidentée et si bien remplie est aussi intéressante et aussi instructive pour les grandes personnes que pour les enfants.

Till était le fils d'un brave paysan, Nicolas Eulenspiegel, de Hipsheim, petit village situé non loin des bords du Rhin, dans la Basse-Alsace. Le jour même de son baptême, il lui arriva sa première mésaventure qui, heureusement pour lui, n'eut pas de suites fâcheuses. A cette époque, c'était l'habitude, comme peut-être de nos jours encore, d'aller, au sortir de l'église, boire un coup à l'auberge voisine pour se remettre des émotions de la cérémonie. Cette noble coutume avait été rigoureusement suivie par les parrain et marraine de Till ; mais il faut croire que la marraine but un peu plus qu'elle ne pouvait en supporter, car, au moment où elle traversait la passerelle de la cour, elle fit un faux pas et tomba avec l'enfant dans un énorme tas de fumier. C'est ainsi que Till fut baptisé trois fois le même jour, d'abord avec de l'eau bénite, puis avec du purin, puis enfin avec de l'eau chaude, en guise de purification ; ce fut peut-être là la cause de sa précocité extraordinaire. Il avait à peine quatre ans que déjà les voisins se plaignaient à ses parents de tous les mauvais tours qu'il leur jouait. Quand il arrivait à son père de le gronder, il savait se disculper avec une telle adresse qu'on l'aurait dit aussi innocent que l'enfant qui vient de naître, et toujours de nouvelles plaintes succédaient aux anciennes.

Un jour, son père, ayant une course à faire dans les environs, sella son cheval, prit Till en croupe derrière lui et traversa le village au moment où les paysans revenaient des champs. Que fit alors ce garnement ? Il leur montra à tous son derrière d'un geste si indécent qu'ils se mirent à l'injurier.

— Vois-tu, dit-il à son père sans se déconcerter, comme ils sont méchants envers moi ; je suis là, assis, bien tranquille, derrière toi, et dès qu'ils me voient, ils me disent des sottises.

Pour couper court, le père le plaça devant lui, et aussitôt Till se mit à tirer aux passants une langue longue d'un aune, chose que naturellement le vieux ne pouvait voir, et les paysans de l'injurier de plus belle.

— Tu es décidément né dans un jour de malheur, dit le père, convaincu de l'injustice de ces procédés.

Et tous deux s'en retournèrent à la maison.

A quelque temps de là, le père Eulenspiegel mourut, enlevé par une maladie de langueur, qui avait été provoquée par les nombreuses sottises que ne cessait de commettre son incorrigible rejeton. Il laissait ses affaires très embrouillées et, bientôt après, il fallut vendre cheval, voiture, champs et prairies, si bien qu'à seize ans, Till se trouva seul avec sa mère, dans un état voisin de la misère.

Il ne connaissait absolument rien, ne savait ni lire ni écrire ; mais, par contre, excellait à faire des malices. Un jour, sa mère le surprit pendant qu'il était en train de marcher sur une corde qu'il avait tendue à travers la rivière. Un nombreux public l'entourait.

Furieuse, elle se précipite, un couteau à la main, et d'un seul coup elle tranche la corde ; notre saltimbanque improvisé piqua une tête dans la rivière sans se faire aucun mal, car l'eau était profonde et, quand il gagna le bord, mouillé comme un barbet, il fut accueilli par des rires et des sarcasmes. Cette réception ironique le toucha plus que le bain forcé que sa mère lui avait fait prendre.

Aussi rentra-t-il chez lui tout penaud, en réfléchissant au moyen de se venger de l'affront qu'il avait reçu.

A cet effet, il tendit le lendemain la même corde à travers la rue, réunit tout ce qu'il put de gamins qui flânaient, en leur promettant de leur faire voir un joli jeu avec des souliers.

Tous ôtèrent leurs chaussures et les lui donnèrent ; il les réunit paire par paire, puis, les accrochant en file à la corde, il se mit à danser par-dessus ; et quand il vit que les spectateurs commençaient à être inquiets sur leurs souliers, qu'ils réclamaient à cor et à cri, il coupa subitement la corde et tous les souliers tombèrent à terre pêle-mêle. Pendant un quart d'heure, il put rire à gorge déployée de la bataille qui s'ensuivit entre les gamins, qui étaient chacun à la recherche de son bien.

— Voilà pour vos sarcasmes d'hier, dit-il en s'en allant, très content de lui.

Un autre jour, il s'était rendu à une foire du voisinage, et là, à force d'aller d'auberge en auberge, il finit par être complètement ivre. Cherchant un endroit solitaire où il pût cuver son vin tranquillement, il avisa une série de ruches à miel, au nombre desquelles il y en avait de vides ; il s'installa dans l'une d'elles et dormit à poings fermés jusqu'à la nuit tombante.

Il allait sortir de son gîte improvisé quand il entendit des pas et des voix : c'étaient deux voleurs qui venaient s'emparer d'une des ruches.

— La plus lourde sera la meilleure, disait l'un en s'approchant.

Et, après les avoir examinées une à une, ils trouvèrent à leur convenance celle où était notre dormeur. Il faisait nuit sombre. Voilà les deux voleurs emportant la ruche, l'un devant, l'autre derrière, à la manière dont les Chinois portent les palanquins. Soudain, Till sort un bras par la petite ouverture et tire violemment les cheveux de celui qui était par-devant. Naturellement celui-ci se figura que c'était son compagnon qui venait de lui faire cette sotte plaisanterie, et il se mit à jurer et à sacrer.

— Je crois que tu rêves, dit l'autre. Comment veux-tu que je te tire par les cheveux ; mes deux mains sont assez occupées à soutenir la ruche, qui pèse un poids colossal.

Un instant après, Till tira les cheveux du dernier, qui devint encore plus furieux que son acolyte.

— Misérable vaurien ! hurla-t-il ; je porte un poids à m'en rompre toutes les veines du cou, et tu es assez bête pour me tirer les cheveux. Je crois que tu es fou.

— Tu mens, répondit l'autre ; je n'ai pas le loisir de penser à de pareilles absurdités. C'est à peine si je puis reconnaître mon chemin, tant il fait noir.

Et ils continuèrent ainsi à s'injurier et à se disputer, tout en marchant à tâtons, jusqu'à ce que Till tirât de nouveau le premier des voleurs, mais avec une telle violence que sa tête vint cogner contre la ruche. Alors, perdant patience, celui-ci laissa tomber son fardeau par terre et se rua avec rage sur son camarade, qui, pour parer le coup, lâcha également sa charge : les voilà s'administrant tous deux la plus belle raclée du monde, pendant que Till sortait tranquillement de sa cage et regagnait en riant la maison paternelle.

Comme Till ne travaillait pas, et par conséquent ne gagnait rien, les produits du rouet de la vieille mère étaient plus qu'insuffisants, et, bien souvent, il n'y avait pas un morceau de pain à la maison ; cet état de choses déplut à Till. La faim fait souffrir. Aussi, un jour, s'armant de résolution pour remédier à un jeûne qui menaçait de se prolonger, il prit un vieux sac qui avait un trou dissimulé sur le côté, puis s'en alla à Hochfelden, où il n'était pas connu.

Entrant dans la boutique d'un boulanger : « Je viens, dit-il, chercher, de la part de mon maître, qui loge au Bœuf-Rouge, pour trois écus de pains. Si vous voulez me confier les miches, votre apprenti m'accompagnera, et mon maître lui remettra l'argent. »

Le boulanger, sans défiance, remplit le sac de pains pour la somme convenue, et Till partit avec le mitron. En route, notre vaurien laissa tomber un pain par le trou caché. Il avait choisi pour cela un endroit bien sale et bien boueux.

« Je n'oserai jamais présenter ce pain souillé à mon maître, dit-il à l'apprenti qui avait déjà ramassé le pain et était en train de l'essuyer du revers de sa manche ; cours vite chez ton patron, et apporte-m'en un autre. Je vais t'attendre ici. »

Le jeune homme se laissa convaincre, retourna à la boutique en toute hâte et, quand il revint avec un nouveau pain, Till avait disparu ; il se rendit à l'auberge du Bœuf-Rouge. On ne connaissait ni maître ni domestique. Le boulanger, quand il sut cela, comprit, un peu tard, qu'il avait été dupé.

Rentré chez lui, Till remit les pains à sa mère, qui ne pouvait assez le remercier et l'encourager dans cette bonne voie ; mais il se garda bien de dire de quelle manière il se les était procurés.

Un beau matin, désireux de voir le monde, le modeste horizon de son village ne suffisant plus à ses vastes conceptions, il embrassa sa vieille mère et, un bâton à la main, il se mit en route pour l'inconnu, sans autre ressource que sa malice, dont il avait ample provision.

Au XIVème siècle, on ne connaissait pas encore les guides imprimés, les itinéraires, les cartes et les poteaux indicateurs. Quand on voyageait d'un point à un autre, c'était un peu au hasard. En partant on pouvait faire son testament, car on n'était pas plus sûr d'arriver que de revenir.

Mais Till ne s'inquiétait pas de si peu.

— On trouve partout du pain à manger, se disait-il philosophiquement.

Il arriva ainsi à un village badois où le curé le prit comme domestique. Il parut très heureux de cette chance, mais sa joie ne dura guère, car, autant il plaisait au curé pour sa gaieté et ses bons mots, autant il était antipathique à la vieille gouvernante, qui mit à son maître le marché à la main, d'avoir à choisir entre elle et lui.

Le curé ne pouvait hésiter et, après avoir payé ses gages à Till, qui avait passé deux mois à servir la messe, à sonner les cloches et à cultiver le.jardin il le congédia en lui souhaitant bonne chance et bon voyage.

Voilà de nouveau l'aventurier sur le pavé. Ses nippes sous le bras, il arriva, après un long voyage rempli de péripéties, à Magdebourg. Mais déjà la réputation de ses drôleries l'avait précédé : quand on sut que Till Eulenspiegel logeait à l'hôtel du Plat d'argent, une députation d'ouvriers vint lui rendre visite en grande pompe, le priant de leur donner un échantillon de son savoir-faire, en accomplissant quelque chose de nouveau et d'extraordinaire.

— Bon, répondit-il, demain matin vous me trouverez sur le toit de la maison communale et, quand vous serez tous réunis, je volerai à terre.

Cette nouvelle, comme une traînée de poudre, se répandit dans toute la ville, et le lendemain la moitié de la population se trouvait réunie devant l'Hôtel de Ville pour jouir de ce prodige.

Chacun ouvrait les yeux et la bouche. Voilà enfin Till

qui paraît sur la toiture et qui avance ses bras comme s'il allait voler ; puis, se ravisant et s'adressant à la foule qui grouillait à ses pieds :

— J'avais cru jusqu'à ce jour, dit-il, que j'étais le seul insensé qu'il y eût sur terre ; à présent je vois que la moitié de Magdebourg pourrait porter le bonnet à grelots. Vous m'auriez tous assuré que vous saviez voler, je vous aurais ri au nez en vous traitant de menteurs et de fous : car, sans plumes et sans ailes, personne ne saurait traverser les airs.

Et sur ces mots, il disparut.

La foule s'écoula honteuse et confuse en disant :

— C'est un misérable, mais il a raison.

Plus tard, à Nuremberg, où Eulenspiegel s'était fait annoncer à son de trompe comme un célèbre docteur qui guérissait toutes les maladies, il eut une autre aventure.

L'hôpital était bondé de malades, et le directeur aurait volontiers voulu se débarrasser d'une grande partie de ses pensionnaires. Il alla donc trouver Till, qui l'assura de la guérison complète, en un seul jour, de tous les malades de l'hôpital, et qui, pour cela, ne demanda que cent écus d'honoraires payables seulement après la réussite de ses cures.

Le directeur enchanté conclut le marché, et lui donna dix écus comme arrhes.

Dès le lendemain matin, le nouveau docteur visita un certain nombre de malades et, s'adressant à chacun d'eux en particulier, il leur dit : « Ce que je vais vous découvrir doit rester un secret entre vous et moi : pour vous guérir tous, il faut que je sacrifie le plus malade d'entre vous ; car, avec le produit de ses os pulvérisés, je composerai un remède qui remettra immédiatement les autres sur pied. Faites donc bien attention, cet après-midi, quand le directeur vous appellera, et tâchez de ne pas être le dernier à vous lever pour qu'on ne vous prenne pas pour le plus malade. »

Quand l'heure solennelle fut arrivée, le directeur se rendit au dortoir, suivi du docteur.

— Tous vos malades sont guéris, dit ce dernier. Ouvrez la porte, et engagez ceux qui se sentent guéris à sortir ; vous verrez qu'il n'en restera pas un seul.

Le directeur suivit exactement la prescription, et tous les malades à la fois se levèrent et se sauvèrent. Eulenspiegel se fit compter le reste de ses honoraires et s'en alla au plus vite.

Deux jours après, les malades revinrent à l'hôpital, plus souffrants que jamais, en expliquant la raison pour laquelle ils s'étaient sauvés avec tant d'empressement ; mais le faux docteur était déjà loin. Il gagna Strasbourg et entra comme mitron chez un boulanger de la Kruteneau. Pendant deux jours il travailla d'arrache-pied avec son nouveau patron ; le troisième jour, son maître lui dit :

— Ce soir, tu cuiras tout seul ; je ne t'aiderai pas, car je me sens fatigué et vais aller me coucher.

— Je suis tout prêt, répondit Eulenspiegel ; mais que faut-il cuire ?

— Tu veux être garçon boulanger, et tu me demandes ce qu'il faut cuire ? Que cuit-on, généralement ? des chats et des hiboux ?

Till se le tint pour dit et, aussitôt son patron au lit, il se mit à façonner, avec la pâte du pain, des petits chats et des hiboux.

Puis, ce travail terminé, il mit le tout dans le four.

Le lendemain matin, quand le boulanger descendit et vit le travail de son garçon, il devint furibond, l'empoigna au collet, et, le secouant comme un prunier :

— Fichu vaurien, lui dit-il, que veux-tu que je fasse avec le produit de ton ouvrage de cette nuit ? personne ne voudra m'acheter cela.

— Maître, répondit Eulenspiegel, toujours en pleine possession d'à-propos. Abandonnez-moi cette fournée de chats et de hiboux, et je vous payerai votre farine.

Le boulanger, trop heureux de rattraper l'argent de sa farine, accepta le marché et envoya Till à tous les diables. Celui-ci, aussitôt dans la rue, se rappelant que les Strasbourgeois étaient tous des badauds très friands de nouveautés, se rendit sur la place du marché, et mit en vente ses petits pains en forme de chats et de hiboux. Une heure après tout était vendu avec un beau bénéfice.

Ensuite, il se mit en route pour Heidelberg ; arrivé dans cette ville, il revêtit une longue redingote, mit un grand chapeau sur sa tête, et alla rendre visite à tous les professeurs de l'université, se donnant comme un de leurs collègues d'Alsace. Il leur proposa de se soumettre à un examen, durant lequel on pourrait lui poser les questions les plus ardues et les plus difficultueuses ; il se chargeait de les résoudre toutes sans exception. Au jour fixé, en présence de toutes les facultés réunies, Till Eulenspiegel parut à la barre : et le recteur de l'université, prenant la parole, lui posa les quelques questions suivantes :

— Combien la mer renferme-t-elle de gouttes d'eau ?

La réponse fut à la hauteur de la demande :

— Si vous pouvez faire en sorte que tous les ruisseaux, rivières et fleuves qui se jettent dans la mer cessent de couler pendant un quart d'heure, je me chargerai, dans cet intervalle, de mesurer l'eau de la mer avec une telle précision qu'il ne manquera pas une goutte à mon calcul.

Le recteur reprit :

— Combien de jours se sont écoulés depuis la création d'Adam ?

— Seulement sept jours ; quand ceux-ci sont passés, il en revient sept autres, et ainsi de suite, jusqu'à la fin du monde.

— Où se trouve le milieu de la terre ?

— Ici, à la place où je me trouve. Si vous ne me croyez pas, prenez une corde et mesurez la circonférence en partant de ce point ; si je me trompe de l'épaisseur d'un cheveu, je m'avoue un âne.

— Quelle distance y a-t-il de la terre au ciel ?

— Une distance si minime que quand on parle sur la terre, on l'entend au ciel. Pour vous en convaincre, montez-y, et je vous appellerai d'ici. Si vous ne m'entendez pas, je me reconnais vaincu.

La savante université était confondue.

Décidément, Till Eulenspiegel était plus retors, plus malin et plus fin qu'eux tous réunis. On le congédia avec force honneurs et félicitations.

Le voilà de nouveau, traversant monts et vallées pour voir du pays ; l'argent qu'il gagnait par ses malices étant aussitôt dépensé follement, il se trouvait toujours à sec, et, par conséquent, se voyait toujours dans la nécessité de recommencer ses tours de bâton.

Il s'arrêta à Marienthal, où il y avait un couvent de femmes ; le jour de son arrivée était précisément jour de marché. Bonne aubaine qu'il ne fallait pas laisser échapper.

S'adressant à une marchande qui lui paraissait assez naïve, Till lui dit :

— Combien vendez-vous votre paire de poulets que je vois là, dans le panier, à côté de ce coq étique ?

— Quatre gulden, fut la réponse.

— Ne pourriez-vous pas me les laisser à meilleur compte ?

— Non.

Et voilà Eulenspiegel qui prend le panier avec tout son contenu et se dirige vers la sortie du village.

Mais la femme, qui ne se payait pas de cette monnaie, lui courut après en lui criant :

— Hé ! dites donc, bourgeois, vous ne m'avez pas soldé mes poulets.

— Mais, je ne demande pas mieux que de les payer, répondit Till. Je suis le nouveau secrétaire de l'abbesse du couvent. Vous n'avez qu'à m'accompagner.

— Je ne connais pas votre abbesse, reprit la marchande, et n'ai rien à démêler avec elle. Payez-moi, sinon je m'accroche après votre habit, et je ne vous laisse pas partir.

— Puisque vous le prenez sur ce ton, je vais vous laisser en gage le coq, de cette manière, vous serez certaine que je reviendrai vous rapporter votre argent et votre panier.

La sotte femme accepta ce marché, prit son propre coq en gage, et attendit vainement le retour du filou.

Cherchant à se faire oublier pendant quelque temps, il entra à Brumath, chez un forgeron, comme garçon de forge, en cachant soigneusement son identité. Mais, chassez le naturel, il revient au galop. Quand, le lendemain de son installation, son maître vint le réveiller à la pointe du jour pour qu'il se mît à l'ouvrage, Till trouva cette exigence un peu sévère ; sur l'observation qu'il en fit, le forgeron lui répondit :

— Telle est mon habitude ; les premiers huit jours, j'exige que mes ouvriers ne dorment que la moitié de la nuit, afin de s'habituer au travail.

L'autre ne dit mot ; mais quand, la nuit suivante, on vint de nouveau le réveiller, il se leva, s'attacha le matelas sur le dos avec l'oreiller et la couverture, descendit ainsi harnaché à la forge et se mit à forger et à battre sur l'enclume comme un enragé...

Survint le patron, qui demeura stupéfait devant cet accoutrement.

— Que veut dire cette plaisanterie, cria-t-il, tu es donc un diable incarné ?

— Maître, riposta Eulenspiegel, telle est mon habitude ; je passe la moitié de la nuit étendu sur moi.

Il n'y avait rien à répliquer. Content de sa réponse, Till alla se débarrasser de son attirail, et, quand il revint, son maître, qui s'était radouci, lui ordonna de souder tout ce qui était à souder dans la forge, et ensuite d'abattre le plus de clous possible.

Till prit cet ordre à la lettre, et, réunissant tous les outils qui se trouvaient sous sa main : marteau, tenailles, cisailles, crochets, écrous, etc…, il souda le tout ensemble : puis il prit tous les clous qui étaient dans la boutique et il en abattit consciencieusement les têtes. Prévoyant la réception que son maître lui ferait en présence de ce beau travail, il fit un paquet de ses hardes et s'apprêta à lever le pied quand soudain il lui vint une inspiration sublime : son nom, Eulenspiegel, avait une double signification : en allemand, Eul veut dire hibou et Spiegel, miroir ; se servant donc de ces deux symboles, il dessina sur la porte, avec de la craie, un hibou fantastique, qui, dans une de ses griffes, tenait un miroir, avec ces mots comme légende : Hic fuit ; puis, prenant ses jambes à son cou, il disparut.

Quand le forgeron rentra, il faillit tomber à la renverse. L'indignation le suffoquait.

— En voilà du joli ! vociféra-t-il en s'arrachant les cheveux de désespoir. Où est-il ? que je l'étrangle, ce méchant drôle, qui m'a tout abîmé.

Ce fut encore une autre affaire, quand il aperçut la caricature qui se trouvait sur la porte. C'était pour lui une énigme indéchiffrable.

Désirant en avoir le cœur net, il courut chercher le maître d'école, qui, après l'avoir calmé, lui expliqua clairement la chose.

« Eulenspiegel a passé par ici », voilà ce que voulait dire ce rébus. Pareil à l'ouragan qui détruit tout sur sa route, Till avait laissé les tristes traces de son passage. Le forgeron se consola en se disant qu'il était bien heureux que cet aventurier de malheur ne fût resté chez lui que deux jours.

De là, Till se rendit à Colmar, et descendit à l'auberge de la Licorne, sur la place du marché. Non loin, se trouvait une boutique de tailleur, qui avait installé ses trois ouvriers sur une espèce d'échafaudage soutenu par de forts poteaux. Chaque fois que Till sortait pour aller faire un tour de promenade, ces trois chevaliers de la couture se moquaient de lui et lui lançaient des chiffons avec force quolibets.

— Vous me payerez cela, mes gars, dit-il in petto.

La nuit venue, il scia les quatre poteaux qui soutenaient la plate-forme, et quand, le matin, les ouvriers se furent assis comme d'habitude, chacun à sa place respective, Till se mit en embuscade et attendit l'occasion propice, qui ne se fit pas attendre. Au bout de quelques minutes, un paysan vint à passer, conduisant un troupeau de porcs. Voilà Till qui se précipite au milieu de ces animaux en poussant hurrah sur hurrah, si bien qu'il finit par effrayer toute la bande, qui se dispersa en tous sens : les plus pressés, en se sauvant, se cognèrent contre les poteaux, qui ne tenaient plus, et les tailleurs dégringolèrent du haut de leur échafaudage au milieu des porcs. Bulenspiegel était vengé ; mais il continua à vouer à la corporation des tailleurs une haine profonde.

Aussi, à peine arrivé à Mulhouse, prit-il la résolution de leur jouer une farce qu'ils se rappelleraient pendant longtemps.

A cet effet, il fit parvenir une missive à tous les tailleurs des pays environnants, les invitant à se rendre à Mulhouse où, lui, célèbre inventeur, venant de lointaines contrées, se chargeait de leur apprendre une chose dont eux et leurs descendants tireraient grand profit.

Cette nouvelle se répandit jusque dans les plus petits hameaux, et, à quelque temps de là, sur tous les chemins qui conduisaient à Mulhouse, on ne voyait que tailleurs se rendant à la réunion d'Eulenspiegel.

Quand ils furent tous rassemblés sur la grande place de l'Homme-de-Fer, Till monta dans une maison voisine, et, se montrant à la fenêtre du premier étage, il les harangua en ces termes :

— Honorables maîtres de la coupe ! Quand vous possédez des ciseaux, des aiguilles, un dé, un mètre et un fer à repasser, vous avez à peu près tout ce qu'il faut pour être un tailleur respectable, et, pour obtenir cela, il n'est besoin ni de malice ni de science.

« Mais là où réside la science, c'est dans ce que je vais vous apprendre : aussitôt que vous avez enfilé votre aiguille, n'oubliez jamais de faire un nœud au bout de votre fil, sinon, vous risquez de faire bien des points inutiles ».

Puis, il cessa de parler.

— Est-ce là tout ce qu'il a à nous apprendre ! crièrent les tailleurs en chœur : nous savions de longue date ce qu'il vient nous annoncer comme une science nouvelle ; ce n'était vraiment pas la peine de faire une dizaine de lieues pour venir jusqu'ici nous laisser berner ainsi.

Eulenspiegel reprit :

— Puisque je vois qu'au lieu de me remercier, vous accueillez avec malveillance ma communication, eh bien ! retournez d'où vous venez, et laissez-moi tranquille. Je suis Eulenspiegel en personne.

Sur ces mots, il ferma la fenêtre et disparut par une sortie qui donnait dans une petite ruelle, pendant que les tailleurs, furieux d'être joués, prenaient la maison d'assaut, décidés à faire un mauvais parti au drôle qui depuis tant d'années tenait toute l'Alsace en éveil. Ils en furent pour leur peine, la cage était vide, l'oiseau avait gagné le large. Plus tard, à Schlestadt, il entra chez un pâtissier-restaurateur en qualité de marmiton.

Chats trouvés à Strasbourg en 1683
(collection : estampes curieuses de M. Hennin)

Le jour même de son entrée en fonctions, son nouveau patron était invité à une noce ; après lui avoir préparé tout l'ouvrage, il s'en alla en lui disant :

— Toute la fournée est prête, tu n'as absolument qu'à allumer un bon feu et à le surveiller pendant toute la soirée.

— Mais maître, dit Till, avec quoi dois-je faire du feu ?

— En voilà une question, n'ai-je pas assez de bois dans mon bûcher, et quand même il n'y en aurait pas un brin, est-ce que tous les bancs et toutes les tables qui sont ici ne suffiraient pas amplement pour allumer dix fours comme celui-ci ?

Une fois seul, Till brisa sans sourciller les tables, les chaises, et alluma avec les débris un feu si ardent qu'il calcina toutes les pièces de pâtisserie. Cet exploit accompli, il mit son sac sur le dos et reprit ses pérégrinations vagabondes. Quand le pâtissier constata le lendemain tout le dégât que lui avait causé son maudit marmiton, il reconnut immédiatement la main d'Eulenspiegel qui avait pour principe d'exécuter toujours à la lettre ce qu'on lui disait de faire.

A l'époque du carnaval, Till arriva à Erstein. Tous les gros bourgeois de l'endroit faisaient partie d'un cercle appelé le cercle des francs-lippeurs. A l'occasion des fêtes du mardi gras, ils avaient organisé un grand banquet, et deux d'entre eux avaient été chargés de l'achat des provisions. Ils avaient déjà en réserve : poisson, volailles, légumes, rôti, sucreries, etc...; le gibier seul faisait défaut, et les francs-lippeurs aimaient beaucoup le gibier et principalement le lièvre. Malheureusement il était très rare cette année, et, malgré toutes les recherches, on n'avait pu encore en dénicher un seul.

Quand Eulenspiegel connut cela, son parti fut vite pris. Il demanda secrètement à la femme de l'aubergiste, chez lequel il logeait, une vieille peau de lièvre, se procura ensuite un chat de gouttière tout vivant, cousit le chat dans la peau, et, après s'être habillé en paysan de la campagne, alla l'offrir aux commissaires chargés des achats. Ceux-ci s'empressèrent d'autant plus de l'acheter, sans marchander, que le soi-disant lièvre étant vivant, ils étaient bien certains de l'avoir frais. On l'enferma dans la petite cour du bailliage, car il ne devait être tué que la veille du banquet. Dans la journée, les commissaires enchantés de leur acquisition amenèrent chez le bailli un certain nombre de membres du cercle pour leur faire admirer le beau lièvre qu'ils avaient acheté ; mais, tout à coup, le chien du greffier se lança à la poursuite de la bête qui, tout effarée, se sauva et en deux bonds grimpa sur un arbre en poussant plusieurs « miau » plaintifs.

Les assistants se regardèrent, étonnés, et s'en allèrent en s'excusant auprès des commissaires de ne pouvoir venir goûter leur rôti de chat...

Till, ayant entendu parler d'un marchand de vins qui demeurait à Benfeld et passait, à dix lieues à la ronde, pour l'homme le plus madré et le plus rusé que l'on pût trouver, résolut de se mesurer avec lui. Jetant un vaste manteau sur ses épaules, il prit deux énormes cruchons identiques, dont il remplit l'un d'eau claire ; puis, s'étant rendu auprès de l'individu en question, il demanda à lui acheter de son meilleur vin et lui présenta le cruchon vide, en ayant soin de dissimuler le second sous son manteau. L'autre prit le cruchon, descendit à la cave, et le remplit de vieux vin blanc de Johannisberg ; remontant ensuite, il remit le cruchon à Till, en lui disant :

— Cela fait dix gulden que vous me devez.

— Comment, dix gulden, riposta Till, c'est bien trop cher, et, de plus, je n'ai pas cette somme sur moi.

— Alors, rendez-moi mon vin, fit le marchand furieux ; ce n'était pas la peine de demander du meilleur vin et de me déranger, du moment que vous n'aviez pas de quoi payer.

Et, tout en grommelant entre ses dents, il prit le cruchon plein d'eau que lui tendait Till et redescendit à la cave le vider dans le tonneau par la bonde. Il était refait sans s'en douter.

Une des dernières et non moins curieuses aventures de Till fut celle qui lui arriva avec le curé de Molsheim, chez lequel il était entré comme domestique.

Un soir, le curé lui dit :

— Tu vas bien me nettoyer la voiture et tu la graisseras ensuite, afin qu'elle soit toute prête pour demain matin, car tu auras à me conduire, avec mon vicaire, à la fête patronale d'Eschau.

Eulenspiegel commença aussitôt son travail et, après le nettoyage, il se mit à graisser la voiture ; mais au lieu de s'en tenir aux roues, il passa partout avec son saindoux, sans oublier le siège, toujours d'après sa louable habitude de prendre à la lettre tous les ordres qu'il recevait.

Le lendemain, avant que le jour parût, ils se mettaient en route tous les trois : le domestique, le curé et son vicaire.

Au bout d'un instant, le curé, qui voulait changer de position, mit les mains sur le siège qu'il sentit tout gras. Il fit aussitôt arrêter la voiture, et constata, à sa grande stupéfaction, que tout l'intérieur avait été frotté avec du saindoux. Pendant que le curé et son vicaire nettoyaient leurs places en injuriant Till à qui mieux mieux, celui-ci résolut de pousser plus loin encore sa malice.

Dans cette intention, il enleva l'écrou et la vis qui reliaient les deux parties de la voiture entre elles ; puis, se remettant en place, il fouetta ses chevaux et partit au galop. Mais voilà l'arrière-train qui reste en plan avec le vicaire et le curé, qui faisaient des gestes désespérés, pendant que Till filait à toute vitesse sur les deux roues de devant.

Je pourrais continuer à raconter une centaine d'autres aventures du même genre, mais j'aurais peur de fatiguer le lecteur.

Je passerai également sous silence la mort d'Eulenpiegel qui fut non moins originale que sa vie. Comme Rabelais, il put aussi dire en expirant : « La farce est jouée. »

Quand on arriva au cimetière, pour mettre son cercueil en terre, la corde qui soutenait le côté des pieds vint à casser, et le cercueil tomba tout droit dans la fosse ; de cette manière, Eulenspiegel, même mort, se trouvait debout sur ses pieds, position plus qu'extraordinaire et qui répondait entièrement à ses habitudes passées. On considéra cet événement comme un merveilleux hasard, et, de nos jours, on peut encore lire sur sa tombe, à Ratzenheim, où il est enterré, l'épitaphe suivante :

Hic jacet Till debout,
Original en tout.
Anno Domini 1350.

Le jour de l'an dans les Vosges

PROSPER BAUR

La légende de la noble dame de Zornberg

Je ne sais pourquoi, en Alsace, le diable a choisi de préférence les moulins pour théâtre de ses exploits et maléfices. Est-ce parce que d'habitude les moulins sont situés dans des endroits écartés, loin de toute habitation ? Est-ce parce que le monotone bruissement de l'eau et le régulier tic-tac des roues, qui troublent le calme de la nuit, provoquent des idées mélancoliques ? Je serais assez tenté de le croire ; car, pour ma part, il m'est arrivé souvent de m'attarder au milieu de la nuit, au fond d'une forêt où se trouvait un moulin, et j'avoue que ce bruit retentissant produisait chaque fois sur mon esprit une profonde impression de tristesse dont j'avais beaucoup de peine à me défaire… En je ne sais plus quelle année, par une belle matinée d'été, le noble seigneur de Zornberg se promenait dans ses domaines.

En côtoyant la rivière qui passe non loin de son château, il vit un endroit où l'eau se précipitait d'un peu haut et formait une chute capable de mettre en train le plus beau moulin du monde.

« Voilà un lieu favorable pour l'établissement d'un moulin, se dit-il, il faut que j'en fasse construire un. »

Il remonta au château et communiqua son projet à sa femme.

La dame de Zornberg n'approuva pas ce projet, qu'elle traita d'entreprise ridicule. Elle chercha, par tous les moyens possibles, à dissuader son mari ; mais lui, en voyant qu'elle ne donnait aucune raison plausible, et peut-être bien aussi par esprit de contradiction, tint bon et donna aussitôt les ordres nécessaires.

Bientôt, au bord de la rivière, maçons, menuisiers, charpentiers et serruriers gâchaient, plâtraient, sciaient, tapaient, allaient et venaient si bien qu'au bout de peu de temps, le moulin était achevé : il ne manquait plus que le meunier. Quelques jours après, il s'en présenta un, qui fit son marché avec le seigneur, et qui, dès le soir même, s'installa dans le moulin, leva les vannes et mit le moulin en mouvement.

Le lendemain, à la première heure, le châtelain de Zornberg descendit du château et se dirigea vers le moulin pour voir comment le meunier avait passé la nuit. La porte du moulin était fermée en dedans. Il appela, frappa ; pas de réponse. Il fallut enfoncer la porte. Quel ne fut pas l'étonnement du seigneur quand il vit le meunier étranglé au milieu de sa chambre.

On ne sut comment expliquer cet événement.

Au bout d'une semaine, un second locataire se présenta, fit son bail, s'installa, et le lendemain matin fut également trouvé mort.

Trois autres meuniers eurent le même sort... Le moulin était ensorcelé. Un assez long espace de temps s'écoula sans qu'un locataire se présentât. Enfin, au moment où l'on s'y attendait le moins, un homme vint au château et demanda à s'arranger pour la location du moulin. C'était un solide gaillard, ancien militaire, qui rentrait dans ses foyers, après avoir vu des batailles dans tous les pays ; il n'avait peur ni de Dieu ni du diable ; ne sachant comment s'occuper dans son village, et ayant entendu parler du moulin et de sa légende, il venait se proposer comme meunier, assumant toute la responsabilité de ce qui pourrait lui arriver.

Le châtelain ne voulut plus entendre parler de bail et, pour ne pas avoir sur la conscience la mort d'un sixième locataire, il préférait laisser tomber en ruine le moulin maudit.

L'aventurier persiste néanmoins : il veut tenter la chance, et se charge de passer la nuit au moulin, à la condition qu'on mettrait à sa disposition six jattes de lait, une miche de pain, un morceau de fromage et une petite hachette. Devant une pareille obstination, le seigneur de Zornberg fléchit et fit donner au nouveau meunier tout ce qu'il demandait. Le soir même, le bruyant tic-tac, si longtemps arrêté, se faisait entendre de nouveau aux oreilles étonnées des paysans des environs.

Le meunier fit tous ses préparatifs pour passer une bonne nuit, déposa à terre ses six jattes de lait, plaça la hachette à sa portée, en cas de danger, et se mit à manger son pain et son fromage avec la plus grande tranquillité. Tout à coup, au moment où minuit sonnait à la tourelle du château, la porte du moulin s'ouvrit et six gros chats blancs entrèrent dans la chambre et se précipitèrent chacun sur une des six jattes dont ils se mirent à laper le contenu.

L'air vibrait encore du dernier coup de minuit quand un septième chat, tout noir et plus gros que les autres, franchit le seuil de la porte : « Etes-vous tous ici ? » miaula-t-il en s'arrêtant ; mais les chats blancs ne répondirent pas ; ils étaient trop occupés à boire leur lait pour faire attention aux ordres de celui qui paraissait être leur chef. Ne recevant pas de réponse, le gros chat noir sauta au cou du meunier, qui se tenait sur ses gardes, et qui, d'un seul coup de hachette bien appliqué, lui trancha la patte droite de devant. Aussitôt, toutes les apparitions disparurent. Le meunier regarda de tous côtés, et, à ses pieds, à sa grande surprise, il trouva la patte du chat qui, en tombant, s'était transformée en une petite main de femme. Il passa le restant de la nuit à réfléchir sur ce qui venait de lui arriver, sans y rien comprendre. De grand matin, le châtelain vint frapper à la porte du moulin. Il fut bien étonné de voir son locataire sain et sauf, et bien plus encore d'apprendre les effrayantes apparitions de la nuit. Pour preuve, le meunier montra la main qui gisait toute saignante au milieu de la chambre.

Le seigneur pâlit en apercevant une bague à l'index de cette main ; le chaton de la bague était gravé aux armes des Zornberg.

Hors de lui, il quitta le moulin sans rien dire, et regagna en toute hâte le château.

Il courut à l'appartement de sa femme. Une chambrière essaya de l'arrêter, en lui disant que la châtelaine reposait et qu'il ne fallait pas la réveiller ; mais il passa outre. Arrivé dans la chambre à coucher, devant le lit, il trouva son épouse pâle et très souffrante ; il demanda à lui tâter le pouls pour voir si elle avait la fièvre. La châtelaine hésita et devint plus pâle encore ; le seigneur, furieux, ne pouvant plus se contenir, rejeta en arrière les draps du lit :

Horreur ! Elle avait la main droite fraîchement coupée.

Quinze jours après, la noble dame de Zornberg était jugée, condamnée et brûlée sur la place de Benfeld, comme male femme et sorcière.

Ruines du château de Saint-Uhrich à Ribeauvillé

PROSPER BAUR

La légende de Hans-Trapp

Quel est l'Alsacien qui, dans son enfance, n'a pas frissonné en entendant prononcer ces simples mots : « Der Hans-Trapp Kommt.»

Cette phrase, si laconique, produisait régulièrement le même effet quand une mère, impatientée et à bout d'arguments, s'en servait pour faire rentrer ses enfants dans l'ordre et l'obéissance.

Aussitôt les cris, les disputes cessaient, on baissait la tête en tremblant, on demandait pardon : la terrible formule avait opéré mieux que toutes les réprimandes et toutes les corrections.

Hans-Trapp est le véritable croquemitaine alsacien, création indigène de la fantaisie, ou plutôt de la justice populaire. Il ne faut pas le confondre avec l'ogre gaulois, auquel l'indépendance de l'esprit français a également attribué le pouvoir d'effrayer et de corriger les petits polissons récalcitrants.

L'Alsace a fait de Hans-Trapp un épouvantail, mais elle l'a soumis à l'autorité de l'enfant divin de Noël, Krist-

Kindel, qui distribue les récompenses, jouets et bonbons, dans la nuit merveilleuse. Hans-Trapp est l'esclave du Christ-Enfant et n'a de pouvoir que celui qu'il lui confère ; c'est, en un mot, un simple instrument chargé d'exécuter les punitions infligées.

Quel est le point de départ de ce mythe étrange ?

Voici ce que nous racontent les chartes originales de la ville de Wissembourg : « vers la fin du XVème siècle vivait, à la cour de l'Électeur palatin Philippe, le Thuringien Jean de Trapp.

Vain, téméraire et débauché, il n'agissait que par la ruse et la cruauté et passait pour avoir acquis un ascendant complet sur son seigneur et maître, au moyen de philtres et de charmes sataniques.

Non content de l'empire qu'il exerçait, il voulut s'enrichir d'un seul coup. A cet effet, usant de son influence, il spolia l'abbaye de Wissembourg de ses forêts, de ses châteaux, de ses villages, de ses droits, franchises et privilèges. En présence de tous ces méfaits et de nombreux autres que je passe sous silence, la cour de Rome perdit patience. Il fut cité devant le tribunal apostolique et frappé d'excommunication comme sacrilège.

Repoussé de tous côtés comme un maudit, il se retira dans le repaire qu'il s'était fait bâtir au haut du Geisberg et vécut loin de toute société humaine, comme une bête fauve que chacun fuit. La solitude fit naître en lui des goûts hors nature, contre lesquels il ne chercha pas à réagir ; il était obsédé du désir de manger de la chair humaine et n'attendait qu'une occasion propice.

Un jour, apercevant dans la campagne un jeune pâtre de dix ans, il tombe sur lui à l'improviste, le transperce de son épée, le traîne dans sa retraite et là, après l'avoir découpé en morceaux, il se met à le faire cuire ; mais, tout à coup, il tombe foudroyé à côté du monstrueux repas qu'il était prêt à dévorer ; la justice divine n'avait pas voulu permettre l'achèvement d'un pareil forfait. »

Depuis ce temps, Jean de Trapp ou plutôt Hans-Trapp est resté légendaire, et, même de nos jours, il a conservé l'horrible privilège d'effrayer les enfants pour la tendre chair desquels il éprouvait tant d'avidité.

Cathédrale de Strasbourg

Les Elfs

Pour retrouver la lune et les étoiles, ou bien encore les plantes de la montagne personnifiées dans les elfs, nous allons remonter une dernière fois sur ces hauteurs sereines où la légende semble, comme la nature, avoir mieux conservé son caractère primitif, où l'on dirait aussi que d'autres pensées naissent avec d'autres fleurs, comme si, à mesure que l'on monte, on se rapprochait de Dieu.

C'était presque toujours la nuit que les elfs faisaient leur ménage, ou plutôt leur remue-ménage, dans les fermes. Le fermier et ses gens, accoutumés à ce bruit qu'ils connaissaient bien, n'y faisaient plus attention ; et d'ailleurs ils savaient fort bien qu'en allant voir ils ne verraient rien, et qu'ils trouveraient tout à sa place ordinaire. Mais passée la Saint-Michel c'était autre chose, car les elfs alors ne plaisantaient plus, et mal en aurait pris à celui qui se serait avisé d'aller les troubler. Ils allaient même quelquefois jusqu'à vous défendre la ferme. Au Hoffrieth, par exemple, la femme du fermier rencontra un jour, en ouvrant la porte, deux grands tas de neige qui lui barraient le passage. Au Gustiberg, des bûcherons qui descendaient un soir de la montagne, attirés par une lumière qui éclairait la ferme, lumière si vive qu'elle brillait même à travers les bardeaux du toit, aperçurent, par une fente de la porte, un énorme glaçon qui gisait là sur le sol, étincelant comme une braise.

Un jour, c'était à la Saint-Michel, le fermier du Mordfeld venait de partir avec ses gens et son troupeau. On était arrivé au bas de la montagne et déjà le troupeau mugissant et sonnaillant défilait par la vallée, lorsqu'un garçon s'aperçut qu'il avait oublié, en partant, d'emporter un objet qu'il n'eût voulu perdre pour rien au monde. Sans hésiter, il retourne sur ses pas pour le chercher. Arrivé sur la montagne, comme il voit le jour baisser, et se sentant d'ailleurs accablé de fatigue et de sommeil, il se décide à passer la nuit dans la ferme. Une auge vide se trouvait là dans un coin ; il s'y couche et ne tarde pas à s'endormir. Mais à peine a-t-il fermé l'œil qu'il se réveille tout à coup, comme en sursaut.

Il croit avoir entendu du bruit, il voit la ferme éclairée. Est-ce un rêve ? Est-ce une illusion ? Sans bouger dans son asile, il écoute encore : il entend la flamme qui crépite sous la chaudière ; la presse à fromage gémit, les jattes à lait se remplissent et se vident ; on va, on vient, on cause ; bref, c'est comme en plein jour, quand tout le monde est occupé dans la ferme.

Alors il lève tout doucement la tête par-dessus le bord de l'auge, et à la lueur vacillante de la flamme il voit une foule de petits mirmidons qui s'agitent, qui travaillent, qui font en un mot tout ce qu'on a coutume de faire en pareil lieu. Plus de doute, c'est une famille d'elfs qui est occupée là à préparer le fromage. Cependant, au moment même où le garçon levait la tête, une petite fille l'a aperçu, et il l'entend distinctement qui court dire à sa mère qu'un homme est couché dans l'auge. « Laissons-le dormir, répond la mère, et que bien lui fasse ! car c'est un jumeau.»

Enfin le travail est terminé, et deux superbes fromages sont posés sur la table, l'un blanc, l'autre noir. La maîtresse alors, s'approchant du dormeur, l'invite à se lever et à venir se régaler. Peu rassuré d'abord, il obéit néanmoins, se lève et se met à table. L'appétit d'ailleurs n'est pas ce qui lui fait défaut, et puis quel fromage ! quel parfum !

« Voici, lui dit la petite vieille en montrant la meule blanche, un fromage extrait du lait versé, gâté ou perdu par accident ou par maladresse ; tu peux en manger tant qu'il te plaira, il est bon. Pour celui-là, dit-elle, en indiquant la meule noire, il est extrait du lait versé ou gâté par malice, ou avec accompagnement de jurements ; tu peux en manger aussi, mais je te préviens qu'il est mauvais. »

Le garçon n'eut garde de toucher au fromage maudit, et il se contenta d'entamer la meule blanche. Jamais il n'avait rien goûté de plus délicieux. Aussi quelle ne fut pas sa joie lorsque, le repas fini, la petite vieille lui dit d'emporter ce fromage dont elle lui faisait cadeau ! Il prit la meule sous le bras et partit. De retour dans sa famille, il n'eut rien de plus empressé que de conter son aventure et de faire goûter de son fromage. Mais voici maintenant le plus curieux de l'histoire. C'est que ce fromage, quand à force d'être rogné, raclé, échancré, il ne laissait plus voir que la croûte, se remplissait et s'arrondissait de nouveau, si bien qu'au bout de quelques jours la meule se retrouvait encore ronde et radieuse comme la lune en son plein.

Cependant l'autre jumeau, jaloux de se procurer le même trésor, voulut aussi tenter l'aventure. Il se rendit au Mordfeld, et à la tombée de la nuit il alla se coucher dans l'auge. Imprudent ! A peine eut-il commencé à faire semblant de dormir que les elfs en arrivant l'aperçurent, se jetèrent sur lui et le mirent en pièces. C'était sans doute un jureur.

Le Hoffrieth a une légende du même genre. C'est un garçon qui, le jour de la Saint-Michel, a dû rester et coucher dans la ferme, pour garder les ustensiles qu'on ne devait chercher que le lendemain. Les elfs lui servirent trois jattes de lait, du lait blanc, du lait noir et du lait jaune. Il ne prend que du lait blanc, après quoi les elfs lui ordonnent de partir, en lui déclarant que s'il n'était pas là par ordre de son maître, il ne partirait plus.

Ce lait et ce fromage semblent avoir la même origine et la même signification : ils proviennent sans doute de la vache Io et figurent les phases de la lune.

Et ces jumeaux, dont l'un vit et l'autre meurt, ne seraient-ils pas un souvenir des Gémeaux ?

Si cette manière de symboliser paraît un peu singulière, il faut avouer du moins que le tableau ne manque pas de couleur locale.

Nous voyons dans certains contes que les elfs, lorsqu'on avait répandu de la cendre sur leur passage, ne revenaient plus, honteux qu'ils étaient d'avoir laissé des traces de ces petits pieds d'oie qu'ils tenaient tant à cacher.

La racine brûlée, les plantes ne repoussent plus.

Ainsi c'est encore dans les fermes que les elfs ont eu leur dernier asile ; mais, comme si un beau matin on avait vu de leurs traces sur la cendre du foyer, ils ne reviennent plus, et c'est à peine s'il est encore fait mention d'eux. Leur disparition est toujours attribuée, comme celle des lutins, à quelque bénédiction de l'Eglise, ou bien encore à l'influence d'une mission prêchée dans le voisinage, ce qui nous prouve une fois de plus, comme tout ce qui précède, et l'origine païenne de la superstition, et l'influence civilisatrice de la religion.

Place du marché à Soultz

CHARLES BRAUN

Les spectres

Les déesses noires, considérées comme telles, étaient avant tout une personnification de la nuit, de l'hiver, du séjour des morts ; mais en tant qu'elles personnifiaient la lune, elles reprenaient le plus souvent la couleur blanche, en sorte que la nuit a sa dame blanche comme le jour. Néanmoins, comme la lune a aussi ses phases, son côté obscur, on la personnifiait quelquefois dans une divinité qui réunissait les deux couleurs opposées. De là, dans les légendes populaires, ces fantômes blancs ou noirs. Le peuple en a fait des âmes en peine ayant encore quelque péché à expier, quelque injustice à réparer, par conséquent une tache, une souillure à effacer ; et en attendant les voilà errantes sur la terre, pas assez blanches pour le ciel, pas assez noires pour l'enfer, soupirant toujours après l'heure de la délivrance, après cet heureux moment où, blanches et pures, il leur sera donné enfin de prendre l'essor pour s'envoler au séjour de la béatitude.

Heureux, trois fois heureux celui qui, en payant pour une de ces pauvres âmes, l'aura délivrée ! On a vu combien ce serait facile à l'occasion, si l'on était assez pur soi-même, assez persévérant surtout et assez prudent pour ne pas tout gâter par un rien, par un mot peut-être.

Quoi d'étonnant aussi, si dans la plupart des cas on ne réussit pas ?

Il est des cas néanmoins où l'on a réussi. En voici un exemple :

On voyait autrefois, sur le flanc méridional du Petit-Ballon, dans un pli de terrain où coulait une source, une jolie ferme qui avait sa légende comme les autres. Cette ferme n'existe plus, mais la source coule encore, et la légende aussi.

Depuis longtemps le fermier du Petit-Ballon avait dû renoncer à engager à son service aucun garçon qui ne fût d'un certain âge, car dès qu'un adolescent encore innocent et pur venait à coucher dans la ferme, il n'y avait plus moyen d'y dormir en paix. C'était pendant la nuit un vacarme affreux devant la porte. On eût dit qu'un démon en voulait à l'innocence abritée sous ce toit.

Un jour, comme le soleil allait se coucher, un jeune Suisse, que nous appellerons Nicolas, se présente au Petit-Ballon et demande à entrer en condition. Le fermier aurait justement besoin d'un domestique, et l'on conçoit qu'il n'en arrive pas tous les jours sur ces montagnes ; mais l'âge du jeune homme, sa bonne mine, son air honnête et candide, voilà pour le maître autant de motifs de refus. Il le refuse donc, ne consentant à le garder que pour cette nuit, car le pauvre garçon est recru et harassé, et le jour est sur son déclin. Du reste on ne lui cache pas les raisons qui empêchent de le recevoir. « Oh ! qu'à cela ne tienne ! répond Nicolas. Je ne crains rien, avec la grâce de Dieu. »

Le fermier haussa les épaules, comme s'il eût voulu dire : « Pauvre enfant ! demain tu ne parleras plus ainsi. »

Puis il lui fit servir une jatte de lait avec du pain et du fromage, et lui indiqua le réduit où il devait prendre son gîte.

Nicolas n'eut pas plus tôt soupé qu'il sentit le besoin d'aller se coucher, et il ne fut pas longtemps à attendre le sommeil. Mais voilà qu'au milieu de la nuit il se réveille tout à coup. Il croit avoir entendu du bruit ; il l'écoute, retient l'haleine, écoute encore, et bientôt il entend droit au-dessus de lui quelque chose qui descend à pas précipités le long des bardeaux du toit ; puis à peine ce bruit a-t-il cessé qu'un autre bruit commence : on frappe à coups redoublés à la porte de la ferme.

« Patience ! crie le jeune homme en se frottant les yeux, et un peu doucement, s'il vous plaît ! » et il se lève et va ouvrir la porte.

Un spectre se tenait là, blanc comme neige jusqu'au-dessous de la poitrine, mais le bas du corps noir comme un ramoneur.

« Faut-il être pressé ! dit Nicolas en considérant cet étrange visiteur ; mais entrez toujours et soyez le bienvenu, avec la grâce de Dieu. » Le spectre, sans mot dire, entre et, montrant au garçon une pelle qui se trouve là dans un coin, il lui fait signe de le suivre.

« A votre service, avec la grâce de Dieu ! » répond Nicolas, et il se laisse conduire jusqu'à un endroit de la ferme où le spectre l'invite du geste à creuser. Il obéit, en ayant soin seulement de répéter, à chaque ordre qu'il reçoit, sa formule accoutumée : avec la grâce de Dieu.

Bientôt le terrain creusé rend un son qui semble annoncer une cavité, puis la pelle commence à crier en frottant sur un corps dur, et quelque chose comme un couvercle apparaît au fond du trou. Sans attendre de nouvelles indications, Nicolas redouble d'ardeur et parvient enfin, non sans effort, à dégager une caisse.

Aussitôt il la soulève, l'attire à lui et la traîne auprès du foyer ; puis, enfonçant le tranchant de sa pelle sous la serrure disloquée, et pressant sur le manche, il fait sauter le couvercle. La caisse est remplie jusqu'au bord de beaux écus d'argent. Nicolas renverse cet argent sur le sol, et le comptant à la lueur de la flamme, il en fait trois parts égales. « Voici d'abord, dit-il, la part de l'Eglise ; puis voici la part des pauvres, et ceci c'est pour votre serviteur, avec la grâce de Dieu.»

Et chaque fois qu'il regardait le spectre comme pour lui demander son assentiment, le spectre souriait et la partie noire diminuait, si bien qu'à la fin il parut blanc comme neige et craie (schneekreidenweiss) de la tête aux pieds, après quoi il s'évanouit en laissant au cœur du jeune homme une impression ineffaçable de son dernier sourire.

Avec sa couronne de feuillage et ses nombreuses mamelles, Isis, la grande déesse de la nature, personnifiait aussi la terre, cette mère nourricière des animaux et des plantes, à peu près comme Hertha, Hretha ou Gretha la personnifiait chez les Germains. Mais sur la terre aussi règnent alternativement le jour et la nuit, l'été et l'hiver. La divinité sera donc également représentée tantôt blanche, tantôt noire. Pendant la froide nuit de l'hiver ce sera cette belle captive enfermée dans une sombre tour où elle est gardée par un dragon, en attendant qu'un héros, le dieu-soleil du printemps, vienne la rendre à la lumière et à la liberté. Pendant sa captivité la princesse s'occupe à défaire la nuit ce qu'elle a fait le jour, pour recommencer sa trame le lendemain, de même que l'hiver ne cesse de défaire le travail de l'été. C'est la toile de Pénélope chez les Grecs, c'est chez nos ancêtres l'écheveau non encore dévidé que Gretha, la dame noire de la nuit de Noël (die schwarze Greth), vient embrouiller ou déchirer.

La déesse habite aussi dans l'arbre sacré, dans le chêne ou dans le tilleul, dont elle est comme l'âme ou la dryade. Là aussi elle file ou tisse, figurant ainsi le travail de la nature dans le phénomène de la végétation. Elle y soupire après l'heure de sa délivrance, et cette délivrance consiste à sortir de l'arbre, de ce corps de mort, pour monter dans un règne supérieur en s'unissant à un corps vivant. Plus d'une légende s'est inspirée de ce mythe, et c'est au fond toujours la même idée : une délivrance longtemps attendue et préparée, finalement manquée, par conséquent ajournée de nouveau jusqu'à ce qu'un arbre ait poussé et grandi jusqu'au dernier degré de son développement.

D'après une tradition recueillie par notre chronique, les châtelains d'Angreth, à l'époque où Guebwiller travaillait à ses fortifications, venaient chaque nuit renverser ce que l'on avait édifié le jour, « et cette misère dura longtemps », ajoute le chroniqueur. Vint enfin l'abbé de Murbach qui mit le siège devant le château, le prit et le détruisit de fond en comble.

En reconnaissance de ce service, la jeune cité délivrée se donna à son libérateur.

Est-ce de l'histoire ou de la légende ? Il faut croire qu'il y a un peu de l'un et de l'autre.

Qui ne se rappelle ici quelques-uns de ces noms mythiques, noms de dieux ou de héros, sous lesquels s'est successivement personnifié le soleil ? Et ne voyons-nous pas la légende elle-même emprunter à l'antique symbolisme ses couleurs et ses images, comme par exemple en faisant de saint Georges un vainqueur de dragon, ou bien en plaçant le dragon à côté de sainte Marguerite ? Le sens mystique de ce symbolisme est facile à deviner : tantôt c'est la figure d'une âme que le démon cherche à retenir dans les ténèbres de l'erreur ou dans les liens du péché ; tantôt c'est l'état de l'humanité encore assise dans les ombres de la mort et attendant la venue de son libérateur, de ce soleil de justice qui doit être la lumière du monde.

Avec le libérateur revient aussi ce couple mythique dans lequel le soleil et la lune, ou plutôt le soleil et la terre nous apparaissent réunis. C'est ce même couple qui de mythe en mythe, de légende en légende, s'est perpétué jusqu'à nos jours sous ces deux noms si souvent accouplés de Hans et Greth, noms qui dans nos contes populaires résument en quelque sorte les deux sexes. On n'a pas oublié que saint Jean a pris la place d'Odin. Puis c'est encore le sens de cet autre couple que nous avons déjà rencontré à Saint-Gangolf : le coucou et la chouette, cette dernière remplacée quelquefois par le pic noir, espèce de corneille dite oiseau de sainte Gertrude. Ne faut-il voir enfin qu'un pur hasard dans ce fait que notre Val des Corneilles se trouve à côté du Schimmelrain, et que le château en face, entre le Schimmelrain et le Heisenstein, est ce même château d'Angreth dont nous parlions tout à l'heure, et dont le nom s'écrivait autrefois Ane Gert et Anegred ?

Et maintenant voyez le chemin que peut faire une idée ! Ce grand mythe, cet antique symbolisme qui a pour point de départ le soleil et la terre, et qui s'est perpétué de siècle en siècle sous le couvert des plus grands noms de la fable et de l'histoire, il vient aboutir finalement, à quoi ? à une humble petite fleur.

Quelle est cette belle captive à l'œil d'azur, qui ne cesse de regarder le ciel à travers le tendre grillage de sa prison verte ?

C'est la nigelle ou noirette, nigella damascena ; c'est la princesse Marguerite, prisonnière de la tour, notre Grethchen in der Hecke.

On n'en finirait pas si l'on voulait recueillir toutes les légendes qui ont pour sujet l'histoire d'une âme en peine soupirant après sa délivrance. S'inspirant toutes d'un même souvenir, ces légendes, ou plutôt ces contes, forment comme autant de rameaux greffés sur le mythe antique. Partout on les rencontre, et partout ils se répètent, parce qu'ils expriment une idée chrétienne, la nécessité d'une expiation dans l'autre vie. Cette croyance universelle, le peuple la traduisait ainsi en images poétiques, qui naissaient sous le souffle de l'inspiration chrétienne comme les fleurs d'une prairie sous la tiède haleine du printemps. Déjà nous avons vu la plupart des mythes prendre, en se rajeunissant toujours, un caractère moral de plus en plus prononcé et l'ancienne mythologie nationale, ainsi pénétrée et transformée par l'esprit chrétien, nous offrir une véritable poétique de la nature qui avait, elle aussi, sa flore et sa faune, et qui, pour peu qu'elle eût été cultivée, ne l'eût cédé en rien à celle de la Renaissance. Une des imaginations du peuple les plus ordinaires, c'étaient les feux follets transformés en spectres de feu. Quelle est la contrée, le village qui n'ait eu son spectre, son âme errante et brûlante ? Et remarquons bien que c'est presque toujours le même délit qui est imputé au délinquant : le malheureux s'est permis de déplacer une forme.

Vous revenez de Murbach à l'heure du soir, au moment où les derniers sons de l'angélus expirent dans la montagne. On n'entend plus que le bruissement du feuillage et le murmure du ruisseau, et la nuit commence à répandre toutes ses ombres sur la vallée.

Vous venez de dépasser la Croix de Barnabas. Que cherche là-bas, dans la prairie, ce fantôme inquiet que l'on voit courir de côté et d'autre, plus noir que blanc, et portant un bloc rouge tout embrasé, tout étincelant ? Cette lourde masse qui ne cesse de lui brûler les mains et de lui rôtir les épaules, et dont il ne sait comment se débarrasser, c'est une pierre, une borne que de son vivant il est allé un jour, à pareille heure, reculer de sa place ; et maintenant il voudrait l'y voir remise car, autrement, point de repos pour sa pauvre âme !

Un soir quelqu'un passait près de là. « Où faut-il la mettre ? où faut-il la mettre ? » lui criait le spectre en accourant comme désespéré.

« Remets-la où tu l'as prise », répondit le passant, et là-dessus le spectre lui présenta la main. Mais l'autre n'eut garde de la saisir et se contenta de lui donner à serrer le bout de sa canne.

Quel ne fut pas son étonnement lorsque, rentré chez lui, il s'aperçut, en la déposant, que sa canne portait l'empreinte de cinq doigts de feu !

Et tous ces petits géomètres que vous voyez la nuit, par un froid glacial, par un vent qui vous cingle la figure, s'agiter autour de la tête du Ballon, arpentant le terrain en long et en large, mesurant les hauteurs et les profondeurs, allant, revenant, courant sans cesse de côté et d'autre, qu'ont-ils donc fait ?

Des annexions, sans doute !

Strasbourg

Le guerrier dormant

Il y a des guerriers dormants. Il y a un chevalier de Schauenbourg, armé de pied en cap et assis, la tête appuyée sur les deux coudes à une table ronde toute couverte de parchemins. Il y a les guerriers qui dorment couchés au Bolcheig. Ce sont les quatorze comtes de Strasbourg, et sans doute parmi eux Geroldseck. Sur Buchenfeld, c'est l'empereur Barberousse qui dort au Bibelstein. Mais le plus intéressant de tous, c'est Dietrich qui dort entouré de ses preux et la main toujours à la garde de son épée, attendant sans doute pour se lever que le Turc vienne abreuver ses chevaux sur les bords du Rhin. De cent ans en cent ans, il se réveille, fait le tour du rocher pour dégager sa longue barbe, regarde aux quatre points cardinaux, se recouche et s'endort à nouveau.

Au château de Sanech, il y avait une jeune princesse qui s'appelait Hildegonde. C'était la perle des princesses de son temps. Cependant, le père, comme jaloux de son trésor, tenait sa fille enfermée dans une tour presque inaccessible. Or, le récit de cette infortune parvint aux oreilles d'un jeune héros qui s'appelait Hugdietrich. Il s'élança sur son cheval, partit et, grâce à un déguisement, réussit à s'introduire dans le château, et du château dans la tour. Hildegonde lui donna son cœur.

Au bout d'un an elle fut prise de frayeur en songeant que son père pourrait tout découvrir.

Par une nuit sombre, pendant que tout dormait au château, à l'exception de la seule princesse, une louve qui rôdait aux alentours fut attirée vers le fossé d'enceinte par le vagissement d'un petit enfant. Elle l'emporta dans la forêt près de ses louveteaux, l'allaita et le nourrit jusqu'à ce qu'un jour, Hugdietrich, traversant la forêt, vînt à passer près de là et reconnût son enfant, grâce au collier que la mère en l'exposant avait attaché à son cou. Il le nomma Wolfdietrich, l'emporta, le rendit à sa mère, car depuis longtemps leur union était reconnue et la tour avait rendu sa captive.

Mais, hélas, le pauvre enfant n'eut rien à gagner quand il quitta la société des loups pour celle des hommes, et, plus il grandit, plus il se vit en butte à leur mépris, à leur haine, à leurs mauvais traitements. Ses frères le repoussèrent et refusèrent de le reconnaître pour leur frère et son père lui-même, cédant à leurs mauvaises paroles, se retourna contre lui. Un jour que la mauvaise humeur de Hugdietrich était à son comble, ayant demandé son fidèle écuyer, il lui dit : « Il faut absolument nous débarrasser du loup, conduis-le dans un lieu écarté de la forêt et... » Le vieux serviteur comprit. Pour toute réponse il essuya une larme et, ayant pris son épée, il partit tenant l'enfant par la main.

Arrivé à l'endroit le plus solitaire de la forêt, après s'être maintes fois arrêté pour exécuter l'ordre du maître, il vit venir à lui un charbonnier. Plutôt que de tuer l'enfant, il le lui confia. Le brave homme l'apporta à sa femme qui venait de perdre son enfant.

Cependant Wolfdietrich grandissait à vue d'œil. Il était d'une force prodigieuse et bientôt il ne se passa plus un jour qu'il ne se signalât par quelque effrayant tour de force. A neuf ans, personne n'osait se mesurer avec lui. Comme il travaillait un jour dans la forêt, il brisa le tronc d'un chêne d'un coup de poing. Son apprentissage de bûcheron-charbonnier était donc fini, son éducation faite ; il sortit alors et s'en alla par le monde à la recherche des aventures. Mais qu'est la force du corps sans la force de l'âme ? Vint l'heure du grand combat. La tentation attendait au passage le héros.

Un soir d'été, Wolfdietrich était couché dans une fraîche clairière, lorsqu'une fée lui apparut et l'invita à la suivre dans sa demeure qui était un palais, merveilleux séjour de délices. Douze filles gracieuses, d'une éternelle jeunesse, se mirent au service du jeune homme, rivalisant de prévenances à son égard. L'une d'elles surtout essaya de charmer Wolfdietrich. Mais ce fut en vain : toujours insensible, il résista à tout. Et cependant que lui manquait-il pour mettre le comble à sa propre félicité ? Aux repas, il voyait les mets les plus exquis sortir de table comme par enchantement et un nectar délicieux se verser de lui-même dans une coupe d'or.

C'est alors que la rude Norne, sortant de son bain de jouvence, se découvrit au héros comme la reine de la montagne. Elle lui fit présent d'un vêtement neuf, tissé par la main des Nixes et qui avait la vertu de préserver le corps de toutes blessures.

Alors, Wolfdietrich voulut s'attaquer au dragon de la montagne voisine, car c'est à cette dernière victoire qu'est réservée la plus belle couronne. Il arriva donc sous un tilleul où il vit le monstre qui l'attendait. Une lutte terrible s'engagea et déjà le dragon, enserrant le héros dans une irrésistible étreinte, allait l'engloutir tout vivant, lorsque Wolfdietrich s'ouvrit un passage à coups d'épée dans le corps du monstre et reparut tout inondé de sang de la tête aux pieds, un seul endroit excepté, où s'était collé une feuille du tilleul au moment de la lutte. Ce bain de sang rendit son corps invulnérable, en même temps que quelques gouttes avalées du sang du dragon lui avaient communiqué l'intelligence de la langue des oiseaux.

Comme récompense de sa victoire, il obtint la main de Sidrata, la plus belle des princesses. Or, un soir, Sidrata voulut savoir de Wolfdietrich le secret de son invulnérabilité et son époux le lui confia, ajoutant toutefois qu'il pouvait être blessé à l'endroit de son corps où la feuille du tilleul avait laissé une marque en forme de cœur.

La princesse eut soin de marquer par une croix le même endroit aux vêtements du héros puis elle recommanda à son écuyer de veiller à ce qu'aucun coup ne lui fût porté du côté de la croix marquée. Mais le traître, un jour qu'il accompagnait son maître à la chasse, au moment où celui-ci se baissait pour boire à une source, le visa à la marque et le perça de sa lance.

C'était écrit. Le destin voulait que Wolfdietrich lui-même descendît au noir séjour des ombres.

S'il vous arrive d'entendre dans la vallée un bruit d'armes et de chevaux, vous êtes à la veille d'une grande guerre :

Wolfdietrich s'est réveillé et ses soldats s'appellent dans la nuit et réveillent, de leurs trompettes ardentes les échos endormis.

Table des Contes

ERCKMANN-CHATRIAN
    Le combat d'ours ....p. 9
    La comète ....p. 31

ABBÉ HUNCKLER
    Sainte Odile ....p. 43

PROSPER BAUR
    La légende de l'horloge ....p. 55
    La légende du Bailli..p. 61
    La légende de Till ....p. 71
    La légende de la noble dame de Zornberg ....p. 93
    La légende de Hans-Trapp ....p. 99

CHARLES BRAUN
    Les Elfs ....p. 103
    Les spectres ....p. 109
    Le guerrier dormant..p. 119